M. Avanzi

Les tortues terrestres

ÉDITIONS DE VECCHI S.A.
52, rue Montmartre
75002 PARIS

Malgré l'attention portée à la rédaction de cet ouvrage, l'auteur ou son éditeur ne peuvent assumer une quelconque responsabilité du fait des informations proposées (formules, recettes, techniques, etc.) dans le texte.
Il est conseillé, selon les problèmes spécifiques – et souvent uniques – de chaque lecteur, de prendre l'avis de personnes qualifiées pour obtenir les renseignements les plus complets, les plus précis et les plus actuels possible.

À Massimo, Linda et Lorenzo

Cet ouvrage a été écrit grâce à la précieuse collaboration de Flavio Nicoletti, qui, depuis des années, élève avec passion de nombreuses espèces de tortues, et qui a mis à ma disposition ses connaissances, son expérience et ses tortues (la plupart des animaux reproduits dans cet ouvrage proviennent de son élevage). Je voudrais aussi exprimer ma reconnaissance à Monica Marchetto, son épouse, qui, à plusieurs reprises, m'a permis « d'envahir » sa maison et son jardin pour prendre des photos.
Je souhaite également remercier Mauro Favrin, Piero Meneghin, le magasin Minizoo de Castelfranco Veneto et tous ses clients qui ont eu la gentillesse de me laisser photographier leurs animaux.
Enfin, un grand merci et toute ma gratitude à mon ami et collègue, Massimo Millefanti, dont la patience et le soutien ont permis la publication de cet ouvrage.
Toute ma reconnaissance va aussi à Linda Timossi qui m'a permis de connaître et de photographier Tom et les autres Geochelone nigra *de son élevage, une expérience unique et inoubliable...*

Collection dirigée par Massimo Millefanti

Les photographies sont de l'auteur sauf indication contraire

Dessins de l'auteur et de Chiara Dissette (page 9)

Traduction de Nelly Turrini

TABLE DES MATIÈRES

INTRODUCTION

Les tortues, qui sont présentes sur la terre depuis deux cents millions d'années, sont les reptiles vivants les plus anciens que nous connaissions. Pourtant, bien qu'elles intéressent et même, disons-le, fascinent, l'homme depuis des siècles, elles restent peu connues. En effet, nous savons peu de choses concernant de nombreux aspects de leur biologie, de leur comportement et de leur processus évolutif et ces créatures fascinantes et mystérieuses restent des animaux sauvages qu'il n'est pas toujours facile d'élever en captivité.

En outre, un grand nombre d'espèces sont menacées d'extinction soit à cause de prélèvements effectués dans la nature sans discernement, soit à cause de la destruction de leur habitat naturel. Pour conjurer ce danger, chacun d'entre nous doit s'engager à ne pas acheter de spécimen capturé dans la nature afin de ne pas encourager ce marché et à essayer d'obtenir la reproduction de tortues en captivité.

Cet ouvrage présente tous les aspects pratiques de l'élevage en captivité de tortues terrestres et semi-terrestres. La première partie, consacrée à l'anatomie et à la physiologie vous permettra de comprendre comment sont faits ces animaux et comment fonctionne leur organisme, de manière à satisfaire au mieux leurs besoins. Le chapitre consacré à l'acquisition a, lui, pour objectif de vous aider à choisir un spécimen en bonne santé et appartenant à l'espèce correspondant à vos possibilités en matière d'élevage.

Ensuite, nous consacrerons une bonne partie de cet ouvrage à l'élevage en plein air et en terrarium et à l'alimentation des différentes espèces, en prêtant une attention toute particulière aux erreurs les plus couramment commises dans ce domaine. En outre, tout un chapitre est consacré à la léthargie, un autre à la reproduction et un autre encore traite des problèmes de santé les plus courants.

L'on peut trouver à l'heure actuelle dans le commerce de nombreuses espèces de tortues terrestres ayant chacune des besoins spécifiques en matière d'élevage et d'alimentation. Vous trouverez donc dans la dernière partie de ce livre une série de fiches présentant les espèces plus courantes avec une description et des photographies ainsi que toutes les informations nécessaires pour les élever et les faire se reproduire dans des conditions optimales.

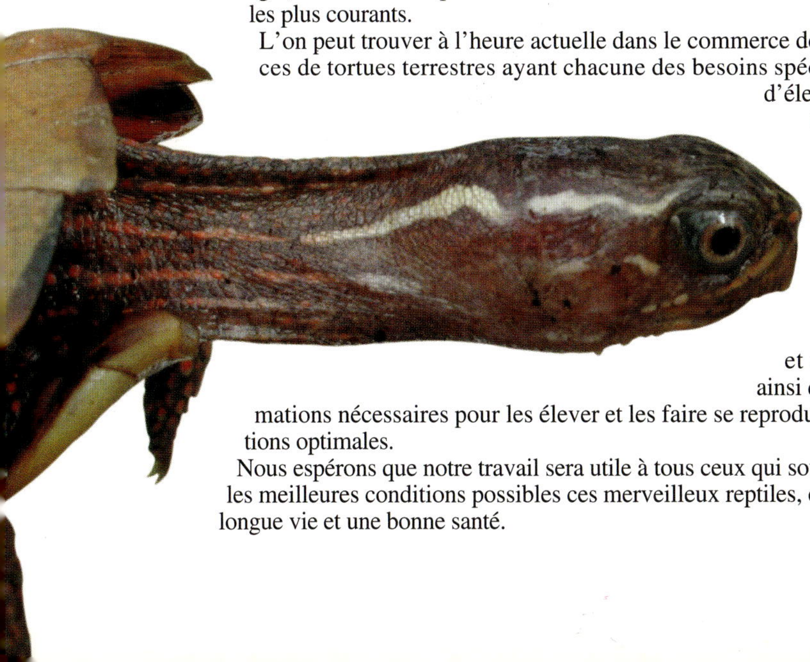

Nous espérons que notre travail sera utile à tous ceux qui souhaitent élever dans les meilleures conditions possibles ces merveilleux reptiles, en leur assurant une longue vie et une bonne santé.

LES ORIGINES ET LA CLASSIFICATION

Les tortues ou chéloniens appartiennent à la classe des reptiles, l'une des cinq classes de vertébrés (avec les poissons, les amphibiens, les oiseaux et les mammifères). Les premiers reptiles ont évolué à partir des amphibiens et, à leur tour, ils ont donné les oiseaux et les mammifères. Toutes les tortues, seuls reptiles dotés de carapaces, appartiennent à la sous-classe des Anapsides qui à son tour contient un seul ordre existant à l'heure actuelle : celui des Chéloniens. Considérées comme les reptiles vivants les plus anciens, elles sont apparues sur la terre il y a deux cents millions d'années, avant les sauriens, les serpents et les crocodiles. Depuis lors, les caractéristiques de leur carapace sont restées à peu près inchangées, ce qui signifie que cette structure est une vraie « réussite » du point de vue de l'évolution. Toutefois, il n'y a pas que la carapace qui n'ait pas changé : les tortues que nous connaissons aujourd'hui sont, en fait, pour l'essentiel identiques aux tortues primitives. Elles ont même réussi à surmonter les événements catastrophiques qui, il y a cinquante-six millions d'années, provoquèrent l'extinction des dinosaures et de nombreuses autres espèces. Aujourd'hui, ces reptiles qui se sont adaptés à un grand nombre d'habitats et de climats et qui vivent dans des aires de répartition allant des forêts pluviales aux déserts, des fleuves aux montagnes, occupent tous les continents sauf l'antarctique. Il y a actuellement plus de 240 espèces

TORTUES OU BIEN TESTUDINIDÉS ?

La subdivision des chéloniens en tortues et testudinidés n'a aucune valeur scientifique car les deux termes sont pratiquement synonymes.
On utilise le terme « tortue » pour les espèces d'eau douce et « testudinidés » pour les espèces terrestres : toutes les espèces appartenant à l'ordre des Chéloniens peuvent être donc classées comme tortues.
Le mot tortue a une origine curieuse. On considère qu'il dérive d'un mot de latin tardif *tartaruchu(m)* qui signifie démon, dérivé à son tour du grec *tartaruchos*, « habitant du Tartare ». De toute évidence, les tortues ne jouissaient pas d'une grande considération (les Tartares non plus !) L'étymologie du mot Testudinidés est plus banale, puisqu'elle dérive du latin *testudine(m)* dérivant lui-même de *testa* qui signifie coque.

◄ *Une* Manouria emys. *Le genre* Manouria *est parmi les plus anciens : on considère que les premières tortues avaient un aspect semblable à celui-ci*

La classification des Reptiles

Classe	*Reptiles*			
Infraclasse	*Anapsides*	*Lépidosauriens*		*Archosauriens*
Ordre	*Chéloniens* (tortues ou chéloniens)	*Rhynchocéphales* (sphénodon)	*Squamates*	*Crocodiliens* (crocodiles)
Sous-ordre	*Cryptodires*		*Sauriens* (sauriens ou lézards)	
Sous-ordre	*Pleurodires*		*Serpents* (ophidiens)	
Sous-ordre			*Amphisbéniens* (amphisbènes)	

L'ordre des Chéloniens

Sous-ordre	*Cryptodires*
Superfamille	*Testudinoïdes*
Familles	*Chélydridés* *Emydidés* *Testudinidés*
Superfamille	*Trionychidés*
Superfamille	*Chélonidés*
Sous-ordre	*Pleurodires*

de tortues vivantes même si un grand nombre (surtout de type terrestre) sont en voie d'extinction, en raison de la destruction de leur habitat naturel et du prélèvement de spécimens dans la nature, destinés à la vente comme animaux de compagnie ou au marché alimentaire.

La classification des tortues est loin d'être définitive ; au contraire, elle est en permanence revue et corrigée au fur et à mesure que les études évoluent. Ainsi il arrive souvent que les espèces existantes soient subdivisées périodiquement en nouvelles sous-espèces, à leur tour considérées ensuite comme des espèces à part, ou bien que différentes sous-espèces soient éliminées et considérées comme de simples variations de la même espèce, etc.

▼ *La classification de* Testudo graeca *est controversée : selon certains chercheurs, elle comprend quatre sous-espèces alors que pour d'autres, elles doivent être considérées comme quatre espèces et, pour d'autres encore, elles appartiennent même à des genres différents*

Les tortues de cet ouvrage

Dans cet ouvrage, nous étudierons les tortues terrestres, appartenant presque toutes à la famille des Testudinidés qui compte environ quarante espèces. Certains genres de tortues semi-terrestres (entre autres *Cuora* spp., *Terrapene* spp. et *Rhinoclemmys* spp.) appartiennent à la famille des Emydidés, qui regroupe de très nombreuses espèces d'eau douce. La famille des Chélydridés comprend les tortues aquatiques que nous ne traiterons pas dans cet ouvrage. Vous trouverez ci-dessous la classification des deux familles qui nous intéressent.

Famille	*Emydidés*	*Testudinidés*
Sous-famille	*Batagurinés*	-
Genres	*Annamemys* *Batagur* *Callagur* *Chinemys* *Cuora* *Cyclemys* *Geoclemys* *Geoemyda* *Hardella* *Heosemys* *Hieremys* *Kachuga* *Malayemys* *Mauremys* *Melanochelys* *Morenia* *Notochelys* *Ocadia* *Orlitia* *Pyxidea* *Rhinoclemmys* *Sacalia* *Siebenrockiella*	*Agrionemys* *Dipsochelys* *Furculachelys* *Geochelone* *Gopherus* *Homopus* *Indotestudo* *Kinixys* *Malacochersus* *Manouria* *Psammobates* *Pyxis* *Testudo*
Sous-famille	*Emydinés*	
Genres	*Chrysemys* *Clemmys* *Deirochelys* *Emydoidea* *Emys* *Graptemys* *Malaclemys* *Pseudemys* *Terrapene* *Trachemys*	

LA MORPHOLOGIE ET LA PHYSIOLOGIE

La structure des tortues peut être comparée à une sorte de boîte rigide pourvue de pattes. C'est la rigidité de la carapace qui influe sur la conformation des organes internes et la physiologie de ces animaux. Contrairement à ce que croient les personnes peu familiarisées avec ces reptiles, cette carapace est solidaire avec le reste du corps et l'on ne peut donc pas « déshabiller » la tortue…

◄ *Une jeune* Geochelone nigra. *La carapace est l'élément distinctif des tortues*

Le squelette

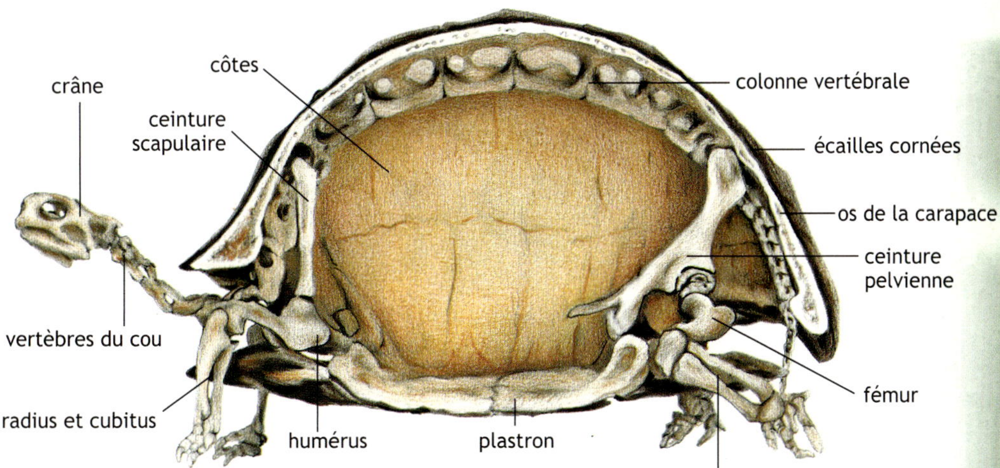

Source : *I rettili* de Colin McCarthy, Institut Géographique De Agostini.

LA CARAPACE

La carapace, c'est-à-dire la structure rigide qui protège le corps des tortues comme une armure, est l'élément distinctif de cette classe de reptiles : toutes les tortues en possèdent une et seules les tortues en possèdent une. Selon les espèces, elle peut avoir subi des modifications ou des réductions notables, mais chez les tortues dont nous nous occuperons dans cet ouvrage, les testudinidés et certaines émydidés, la structure est assez uniforme et facile à reconnaître.

◄ *La carapace d'une tortue terrestre*

La carapace se subdivise en deux, une partie dorsale plus ou moins convexe, appelée **dossière** et une partie ventrale, généralement plate, dite **plastron**. La dossière et le plastron sont unis le long des flancs de l'animal par un **pont osseux** ou une liaison ligamenteuse. Il existe deux ouvertures : à l'avant (d'où dépassent la tête et les membres avant) et à l'arrière (où se trouvent la queue et les membres postérieurs).

La carapace est constituée de deux strates. La couche la plus superficielle, très fine, est formée d'un matériau corné organisé en plaques séparées, appelées **écailles** ou **écussons** dont les pigments donnent à l'animal sa couleur caractéristique. Sous les écailles se trouve une structure osseuse plus épaisse qui assure à la carapace sa rigidité. La partie osseuse est constituée d'environ 60 **plaques osseuses** reliées entre elles par des bords découpés appelés **sutures**.

▼ *Le point de conjonction entre la dossière et le plastron est appelé le pont osseux*

Du point de vue de l'évolution, ces os sont, pour une part, le résultat de la modification d'éléments osseux préexistants (la colonne vertébrale, les côtes, les os de la ceinture scapulaire et de la ceinture pelvienne) et pour une autre part le produit de l'ossification de structures dérivées du tissu cutané (ce que l'on appelle les ostéodermes). Curieusement, les bords des écailles ne correspondent pas aux

▼ *Partie interne de la dossière : il n'y a pas d'interruptions entre la colonne vertébrale et les os de la partie dorsale de la carapace*

bords des os sous-jacents de la carapace, mais ils sont presque toujours décalés, même s'ils laissent dans l'os qui les soutient un **sillon** net. Les bords des écailles sont également appelés **sutures** et ils sont en général bien visibles même chez les individus âgés. Chez certaines espèces, la dossière ou le plastron sont dotés d'articulations permettant à l'animal de fermer sa carapace hermétiquement, ce qui lui assure

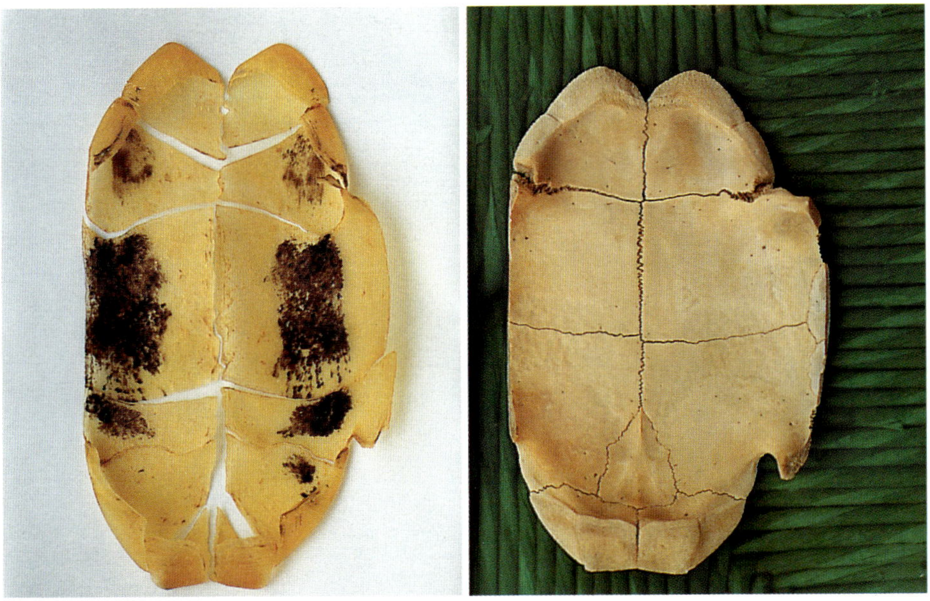

▲ *Écailles et os du plastron : on voit nettement que les bords des écailles ne correspondent pas à ceux des os sous-jacents*

une meilleure protection. Chez les chéloniens des genres *Cuora* et *Terrapene* (que l'on appelle les « tortues boîtes »), l'articulation se trouve sur le plastron tandis que pour les tortues du genre *Kinixys*, elle est dorsale (sur la dossière), ce qui est unique parmi les tortues. Chez ces animaux, l'articulation n'est pas présente chez les spécimens jeunes et se développe progressivement avec la maturité. Chez les femelles adultes de nombreuses espèces, entre autres la *Testudo graeca*, la partie arrière du plastron est légèrement mobile pour favoriser la ponte.

La carapace de la tortue plate d'Afrique orientale, la *Malacochersus tornieri*, est particulière : elle est aplatie et tellement tendre qu'il est possible de la comprimer entre les doigts, même pour les sujets adultes. Lorsque cet animal est agressé, au lieu de se retirer dans sa carapace, il s'enfuit et se faufile dans une fissure ou entre les roches, puis il insuffle de l'air dans ses poumons et gonfle sa carapace en s'encastrant ainsi entre les rochers de manière à ce qu'il devienne impossible de l'en extraire. Sa carapace est caractérisée par le fait que les os qui la composent sont éloignés les uns des autres et ne sont donc pas en contact entre eux.

Outre qu'elle protège la tortue, la carapace assure un point d'attache aux muscles des pattes et, grâce à la dossière, convexe, elle consti-

◄ *Les tortues boîtes (*Terrapene *spp. et* Cuora *spp.) sont caractérisées par la présence d'une articulation sur le plastron qui leur permet de se renfermer complètement dans leur carapace*

▲ *Le squelette du plastron d'une tortue* Cuora *: l'articulation centrale qui permet la fermeture de la carapace est bien visible*

tue une surface sur laquelle les rayons du soleil peuvent agir pour réchauffer l'animal. Par ailleurs, sa structure volumineuse donne suffisamment d'espace pour contenir les organes internes et pour accumuler les aliments et les liquides. Du fait de sa couleur, elle a presque toujours une fonction de camouflage car elle rend la tortue invisible pour ses prédateurs, qui la confondent avec le paysage environnant.

Le développement de la carapace

La partie osseuse de la carapace est très vascularisée et son développement se fait à la fois par déposition de nouveaux tissus osseux au bord de chaque plaque osseuse et par épaississement. Chez les animaux nouveau-nés, en général, les os ne sont pas en contact les uns avec les autres, mais, avec la croissance, ils finissent par se rencontrer et, lorsqu'ils entrent en contact, ils forment ce que l'on appelle les sutures. Le développement se poursuit au niveau des sutures, même lorsque l'animal est adulte, tandis que chez les sujets très âgés, les sutures peuvent s'ossifier complètement en unissant : les os et, à ce moment-là, la croissance cesse. Les écailles se développent du fait de la déposition de nouveaux matériaux cornés au niveau de toute la surface inférieure, opérée par des cellules particulières, dites kératinocytes, présentes sur la surface de l'os dermique. Au fur et à mesure que l'os se développe, les kératinocytes se propagent latéralement de sorte que la carapace osseuse soit uniformément recouverte. Il semble d'autre part que la production de kératine soit plus importante à la périphérie des écailles de sorte que leur épaisseur n'augmente pas trop et reste uniforme. Chez de nombreuses espèces, la croissance se fait par cycle et lorsqu'un cycle s'arrête, un anneau se forme autour de l'écaille cornée. Le nombre des anneaux permet de compter les cycles de croissance de la tortue. Sachez toutefois que cela ne correspond pas au nombre d'années de l'animal : en une seule année il peut en effet y avoir plusieurs périodes de croissance distinctes et donc la formation de plusieurs anneaux. En outre, la partie superficielle des écailles peut s'user avec le temps, par abrasion mécanique, ce qui rend difficile, voire impossible, de compter le nombre des anneaux. Les écailles ne coïncident pas avec les os de la carapace : une seule écaille peut en effet recouvrir des parties de plusieurs os dermiques et pendant que l'animal est en phase de croissance, les relations entre une écaille et les os sous-jacents peuvent varier. L'aréole, présente depuis la naissance, a tendance à rester attachée à la partie de l'os dermique sur laquelle elle se trouvait au départ. Il s'ensuit que souvent chez les individus adultes, l'aréole n'est plus au centre de l'écaille et que les anneaux de croissance peuvent être plus concentrés d'un côté et plus espacés de l'autre. Les modalités de croissance des écailles peuvent influer sur la pigmentation de la dossière. Chez les *Geochelone elegans*, à la naissance, la mélanine est répartie dans l'écaille d'une manière irrégulière ; petit à petit, tandis que l'écaille se

La plus petite et la plus grande

La plus petite tortue terrestre est Sud-africaine, c'est l'*Homopus signatus*, avec ses 8,5 cm de longueur au maximum.
La tortue terrestre la plus grande est la tortue d'Aldabra (*Aldabrachelys gigantea* ou *Geochelone gigantea*) : la longueur maximum enregistrée pour cette espèce est de 140 cm tandis que le poids maximum est de 254 kg.

développe, les amas de mélanine se propagent vers l'extérieur en formant des bandes radiales qui donnent un dessin en étoile, caractéristique de cette espèce. Au contraire, chez la *Geochelone carbonaria*, la dossière est claire à la naissance et la mélanine est produite d'une manière uniforme autour de l'aréole : c'est la raison pour laquelle les individus adultes arborent des écailles d'un noir uniforme, à l'exception d'une tache jaune (l'aréole).

Comment mesurer les tortues

Pour mesurer précisément la longueur d'une tortue, il faut évaluer ce que l'on appelle « la longueur linéaire de la dossière » comme le montre ce schéma. Il ne faut donc pas mesurer la longueur de la pointe de la queue à la pointe du nez, mais d'une extrémité à l'autre de la carapace.

▼ *L'aréole, c'est-à-dire la partie originelle de l'écaille, présente depuis la naissance, prend, avec le temps, une position excentrée, car le développement n'est pas homogène dans toutes les directions*

▼ *Lignes de croissance sur le plastron*

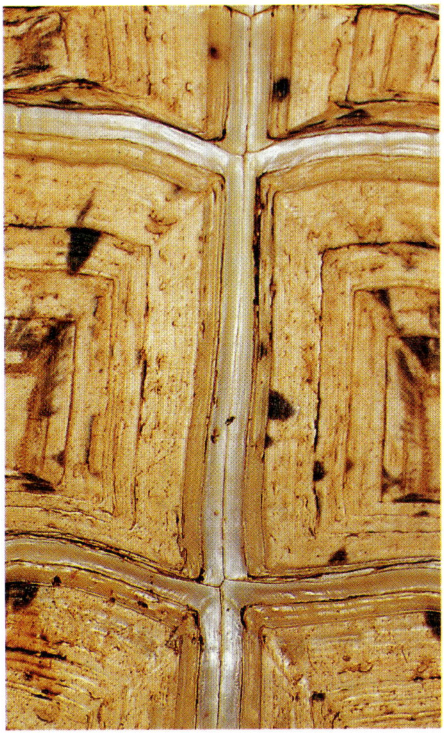

La terminologie des écailles

À quelques exceptions près, la disposition des écailles est assez semblable pour toutes les espèces. Chaque écaille peut être désignée par un terme scientifique précis, ce qui est très utile pour la description de certaines caractéristiques d'une espèce.
Sur la dossière, les cinq écailles de la rangée centrale sont dites **vertébrales** ou **centrales** et, de chaque côté, elles sont entourées par une rangée de quatre écailles dites **costales** ou **latérales** ; les écailles du bord de la dossière sont dites **marginales**, tandis que l'écaille antérieure est dite **nucale** et celles de l'arrière sont dites **supracaudales**.
Le plastron est composé de six paires d'écailles : de l'avant à l'arrière se succèdent les écailles **gulaires**, **humérales**, **pectorales**, **abdominales**, **fémorales** et **anales** ; la petite écaille près de la base du membre antérieur est dite **axillaire**, tandis que celle qui est près de la base du membre arrière est dite **inguinale**. Comme nous le disions, cette disposition (dont on n'a pas encore véritablement compris quels avantages particuliers elle représente pour l'animal) est assez constante pour toutes les tortues terrestres, même si leurs ancêtres communs remontent à la période jurassique. Il est possible toutefois de trouver dans de nombreuses espèces des individus présentant des anomalies dans la disposition des écailles de la dossière, en particulier les vertébrales et les costales (dont la forme ou la position peuvent être anormales ou qui peuvent être en surnombre). Ces anomalies, qui ne sont absolument pas nuisibles pour l'animal, constituent plutôt une curiosité.

Les écailles dorsales

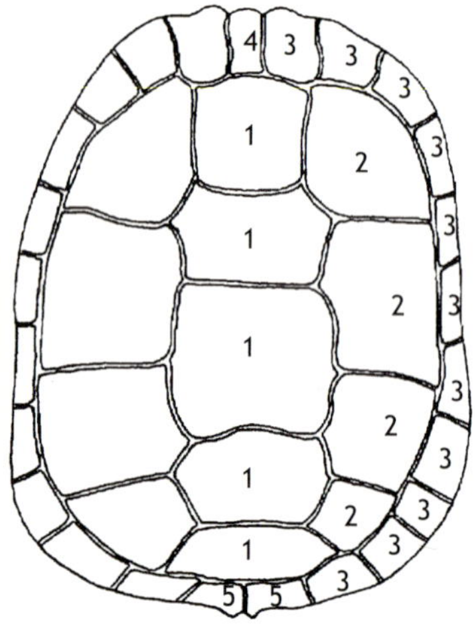

1. vertébrales
2. costales ou latérales
3. marginales
4. nucales
5. supracaudales

Les écailles ventrales

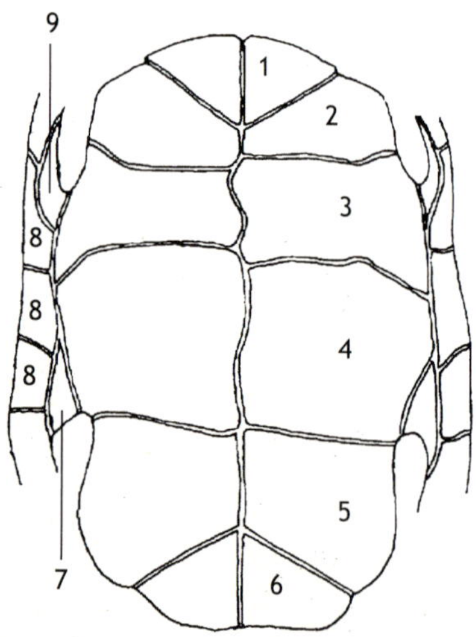

1. gulaires
2. humérales
3. pectorales
4. abdominales
5. fémorales
6. anales
7. inguinales
8. marginales
9. axillaires

LA TÊTE ET LE COU

Toutes les tortues terrestres ont la capacité de retirer plus ou moins complètement la tête à l'intérieur de leur carapace : ce mouvement est possible grâce à la présence d'un **cou** long et flexible qui compense la rigidité de la structure globale des chéloniens. Dans le sous-ordre des Cryptodires, auquel appartiennent les tortues terrestres, le cou se retire à l'intérieur de la carapace en formant un S, tandis que dans le sous-ordre des Pleurodires, il est plié sur le côté, sous la dossière et ne rentre pas à l'intérieur. Les **yeux** sont ronds et protégés par des paupières mobiles et derrière les yeux la **membrane tympanique** apparaît comme une large écaille ovoïde. Comme chez tous les reptiles, il n'y a pas de pavillon auriculaire. Ces animaux n'ont pas de dents mais des mâchoires avec des bords cornés coupants qui forment une espèce de bec dit **ramphotèque** utilisé pour couper les aliments en morceaux faciles à avaler, car les tortues ne mâchent pas. La **langue** est charnue et peu mobile. Dans le **cerveau** se trouvent les centres de la vue et de l'odorat, qui sont très développés : ce sont en effet les deux sens les plus aigus chez la tortue et c'est grâce à eux qu'elle s'alimente. Le cerveau se caractérise par la capacité de supporter les carences en oxygène bien mieux que les mammifères.

▲ *La tête d'une* Testudo hermanni

▼ *Le crâne d'une tortue terrestre*

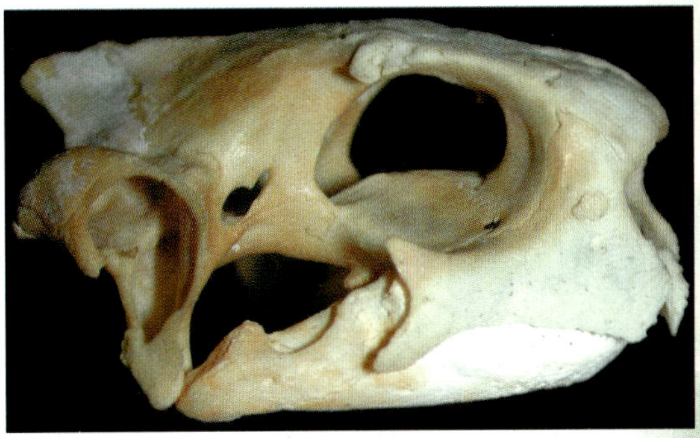

LES MEMBRES

Chez les tortues terrestres, les membres sont ramassés et robustes, capables de soulever le poids du corps et de la lourde carapace. Les **doigts**, généralement au nombre de cinq par membre et dotés d'ongles (toutefois sur le membre arrière un doigt est de taille réduite et dénué d'ongle), sont soudés et seuls les ongles peuvent être distingués. Les **pattes** sont en partie recouvertes d'écailles cornées qui protègent la partie de la patte qui reste exposée lorsque la tortue rentre dans sa carapace. Étant donné la rigidité de la carapace, les membres doivent sortir sur le côté et former un angle pour pouvoir soulever le corps du sol : c'est une position très fatigante pour les muscles, surtout chez les sujets de grande taille. C'est la raison pour laquelle on voit souvent les tortues terrestres se reposer, le corps appuyé contre le sol.

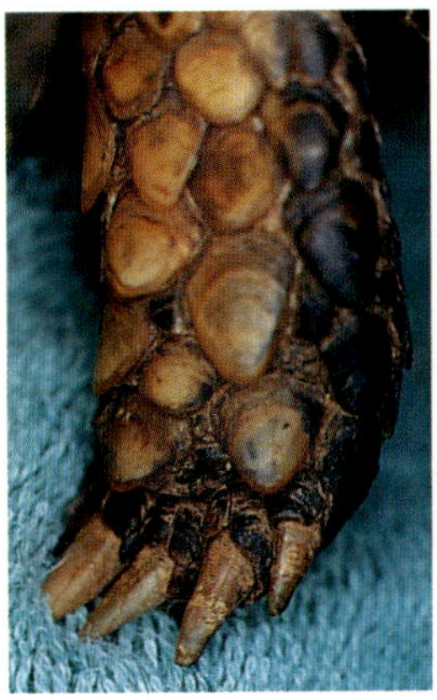

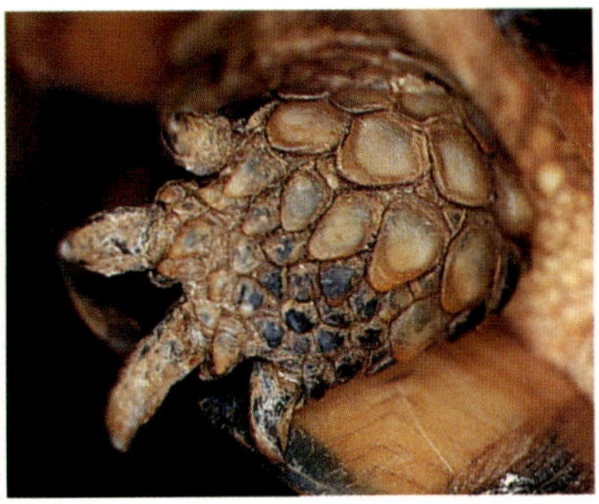

◄ ▲ *En partant de gauche : membres antérieurs et postérieurs d'une* Testudo marginata. *Les pattes sont dotées d'ongles et recouvertes d'écailles cornées protectrices*

LES ORGANES INTERNES

Chez les tortues, la position des organes internes diffère d'une manière assez importante de celle des mammifères. En outre, ces reptiles ne sont pas dotés de diaphragme, muscle qui chez les mammifères sépare le thorax de l'abdomen. C'est la raison pour laquelle chez les chéloniens, l'intérieur du corps n'est pas divisé en deux cavités (thoracique et abdominale) mais constitué d'une seule **cavité cœlomique**.

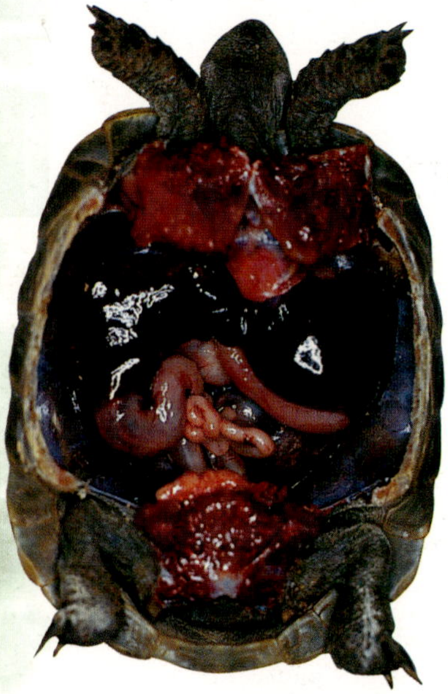

◄ *Les organes internes d'une tortue terrestre (visible après ablation du plastron)*

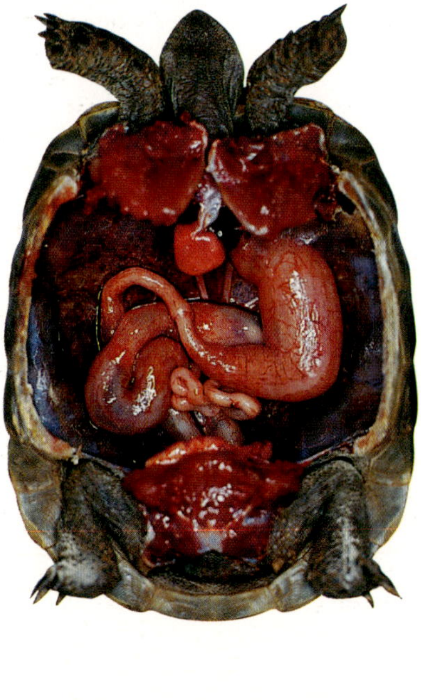

► *Après l'ablation du foie, on peut observer l'estomac et l'intestin*

Le **foie** est très grand et avec les muscles pectoraux et le cœur il occupe la moitié avant de la cavité viscérale.
Le **cœur** se différencie de celui des mammifères, car il est divisé en trois cavités, et non pas en quatre, deux oreillettes et un seul ventricule. C'est la raison pour laquelle le sang oxygéné qui vient des poumons et le sang veineux qui vient du corps se retrouvent ensemble dans le ventricule ; toutefois la présence d'une paroi incomplète et les différences de pression à l'intérieur du corps font que les deux types de sang restent en pratique séparés.
L'**estomac** est semblable à celui des mammifères et il produit des enzymes digestives. Le **pancréas** et le foie produisent des enzymes et des sels biliaires comme pour les mammifères. L'**intestin**, plus long chez les espèces herbivores et plus court chez les espèces carnivores, est constitué de deux parties, l'intestin grêle et le côlon.
Comme chez tous les reptiles et comme chez les oiseaux, à la fin de l'intestin se trouve une structure qui est absente chez les mammifères : le **cloaque**. Il s'agit d'une structure composée de trois compartiments successifs : le coprodéum qui recueille les fèces, l'urodéum qui reçoit les conduits de l'appareil uro-génital et le proctodéum qui collecte les matières avant l'évacuation. Le cloaque s'ouvre à l'extérieur par une fissure longitudinale dans la queue : l'ouverture cloacale.

▼ *L'ouverture cloacale se trouve sur la face inférieure de la queue*

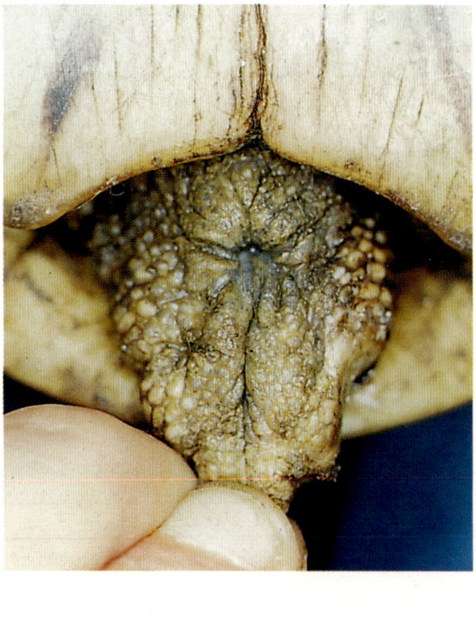

Les **poumons** sont très vastes et adhèrent à la surface dorso-latérale de la dossière. Très différents des poumons des mammifères, ils ont une structure semblable à celle d'une éponge : en position de repos, ils occupent la moitié dorsale de la cavité corporelle mais ils se réduisent à 1/5 lorsque la tête et les quatre membres sont complètement rentrés dans la carapace. Étant donné qu'ils sont attachés de tous les côtés, contrairement à ce qui se passe chez les mammifères, si on les pique ils ne se dégonflent pas. Une fine lamelle de tissu conjonctif, sans muscle, sépare les poumons des organes sous-jacents. Étant donné que le thorax ne peut pas se dilater du fait de la rigidité de la carapace, la respiration se fait par l'action des muscles qui se trouvent près de la base des membres antérieurs. Lorsque ces muscles se contractent, l'espace dans la cavité cœlomique s'élargit et il se crée une pression négative qui aspire l'air dans les poumons : ensuite, pour expirer, les viscères sont poussés contre la surface ventrale des poumons par l'expansion de ces muscles.

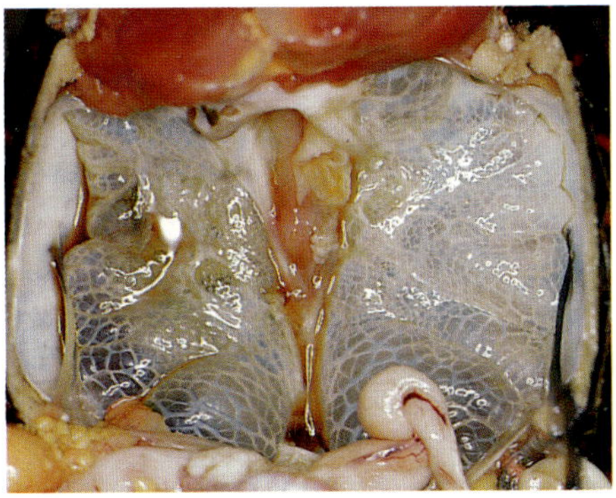

▲ *Pour voir les poumons qui se trouvent sous la voûte de la dossière, il faut procéder à une ablation des organes internes*

Le système urinaire est composé des **reins**, des **uretères** et de la **vessie urinaire**. Les reins se trouvent derrière le bord arrière des poumons au niveau de la partie postérieure de la carapace. Contrairement à ce qui se passe chez les mammifères, les uretères ne débouchent pas dans la vessie mais dans le cloaque d'où l'urine s'écoule ensuite dans la vessie qui a également la fonction d'emmagasiner le liquide, constituant ainsi une réserve hydrique. En cas de nécessité, les tortues ont en effet la capacité de réabsorber et donc d'utiliser l'eau contenue dans la vessie urinaire.

L'urine est composée de deux parties : une plus liquide, de couleur claire et parfois très visqueuse et une semi-solide et blanchâtre, constituée d'urates. Lorsqu'une tortue est attrapée il n'est pas rare qu'elle déclenche un mécanisme de défense consistant à émettre des fèces et à vider sa vessie urinaire.

La femelle possède deux **ovaires**, placés sous les reins, qui, lorsqu'ils sont en activité, augmentent notablement de taille, jusqu'à occuper une grande partie de la cavité cœlomique. Les **oviductes** sont les organes qui accueillent l'ovule et où se forme l'œuf ; ils se terminent dans le cloaque. L'oviducte à la capacité de conserver le sperme du mâle pendant des périodes très longues, à tel point qu'après un seul accouplement, une femelle peut pondre des œufs fertiles à des mois, voire des années, d'intervalle.

Le mâle possède deux **testicules** de forme ovoïdale qui se trouvent à l'intérieur du corps près des reins. Le **pénis** au repos est rétracté à la base de la queue, tandis que pendant l'accouplement il est dilaté pour véhiculer le sperme dans le cloaque de la femelle. Contrairement à celui des mammifères, le pénis d'une tortue mâle ne contient pas l'urètre et sa fonction est exclusivement reproductrice.

LE DIMORPHISME SEXUEL

Pour déterminer si une tortue est mâle ou femelle, il faut tenir compte d'un certain nombre d'éléments que nous vous présentons rapidement. Toutefois, étant donné que certains sont présents ou facilement visibles uniquement pour certaines espèces, nous vous renvoyons aux fiches se trouvant à la fin de cet ouvrage (page 77) pour une description plus détaillée.

Plastron. Le plastron des mâles de certaines espèces est plus concave que celui des femelles, qui est presque plat : cette particularité permet au mâle de mieux s'adapter à la forme convexe de la dossière de la femelle pendant l'accouplement. Chez les femelles, ce plastron plat (caractéristique particulièrement évidente chez la *Geochelone carbonaria*) permet d'avoir plus d'espace disponible pour le développement des œufs.

Chez certaines femelles, par exemple les *Testudo graeca*, on trouve, en outre, sur le

plastron une articulation qui permet une certaine mobilité de la partie arrière, de manière à faciliter le passage des œufs.
Chez d'autres espèces, par exemple celles du genre *Xerobates* (*Gopherus*) les écailles avant du plastron du mâle sont très allongées et forment une sorte de bélier utilisé contre les adversaires pendant la saison des amours.

La longévité

Les tortues sont parmi les animaux qui vivent le plus longtemps. Même s'il n'y a guère de certitudes à cet égard, il semble que de nombreuses espèces terrestres puissent vivre un siècle. Les tortues géantes des Galapagos, par exemple, peuvent probablement vivre plus de deux cents ans, mais même les tortues les plus courantes, par exemple celles des genres *Terrapene* et *Testudo*, peuvent vivre plus de cent ans.

▲ *La* Geochelone nigra *peut vivre plus d'un siècle*

Dossière. Les femelles de certaines espèces ont tendance à avoir une dossière légèrement plus convexe. Parfois, comme chez la *Geochelone carbonaria*, la carapace des femelles est plus large.
Écaille supracaudale. Cette écaille de la dossière, placée directement au-dessus de la queue, présente souvent chez le mâle un profil plus recourbé, alors que chez la femelle, elle est relativement plate : cette caractéristique est particulièrement évidente chez les *Testudo hermanni* et elle est probablement destinée à faciliter la ponte.
Queue. Le mâle adulte a en général une queue plus grosse et plus longue et le cloaque est plus loin de la base de la queue : cette caractéristique est probablement liée à l'accouplement car elle facilite la pénétration du pénis du mâle dans le cloaque de la femelle. Elle est particulièrement marquée dans un grand nombre d'espèces de tortues terrestres mais assez peu évidente chez les *Terrapene* spp. et chez les *Geochelone chilensis*.
Face. Chez certaines espèces, par exemple celles du genre *Xerobates*, les mâles présentent des glandes, localisées sur les côtés de la partie ventro-latérale de la mâchoire qui grossissent pendant la saison des accouplements. Chez les *Terrapene*, l'iris de la plupart des mâles est d'une couleur plus vive que celui des femelles (rouge chez le mâle et marron chez la femelle). Chez certaines espèces, par exemple les *Geomyda spengleri*, la couleur de la tête et des yeux est différente selon le sexe.
Dimensions. Dans la plupart des espèces, les femelles adultes ont une taille supérieure à celle des mâles. Les *Geochelone sulcata* et *Chersima angulata* font exception.

▼ *Il est possible de déterminer le sexe des tortues de quasiment toutes les espèces grâce à la différence de dimension de la queue du mâle (à gauche) et de la femelle*

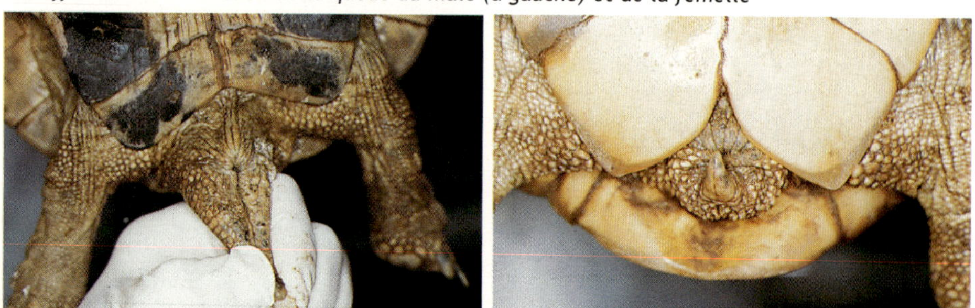

▲ *Les tortues conservent une température corporelle appropriée en utilisant la chaleur du soleil et non pas celle produite par leur métabolisme*

LA THERMORÉGULATION

Les reptiles sont classiquement considérés comme des animaux à « sang froid », c'est-à-dire ectothermes car pour conserver une température corporelle appropriée ils doivent utiliser des sources de chaleur extérieures (le sol, essentiellement, d'une manière directe ou indirecte) et non pas leur métabolisme, comme le font les animaux dits à « sang chaud » (oiseaux et mammifères) c'est-à-dire endothermes. Cette explication, bien qu'un peu approximative, nous permet de comprendre la différence entre ces deux types d'animaux.
Toutefois, les reptiles parviennent à maintenir une température corporelle constante en se déplaçant dans les différentes zones de leur environnement (qui ont des températures différentes) : par exemple, ils se déplacent au soleil en s'exposant sur un rocher chauffé par les rayons pour augmenter leur température et ils vont à l'ombre ou s'enterrent lorsqu'ils veulent éviter que leur température ne monte.
En fait, les reptiles changent de température corporelle aux différents moments de la journée, selon leur niveau d'activité, bien qu'un grand nombre d'entre eux soient capables de maintenir une température corporelle assez constante lorsqu'ils sont actifs. Un grand nombre de reptiles régulent activement leur température corporelle par leur comportement. Dans ce cas, on parle de thermorégulation comportementale. La gamme de températures où les reptiles mènent leurs activités normales est définie comme « la plage d'activité » et elle comprend un minimum et un maximum qui varient selon les espèces. Aux deux extrémités de cette plage se trouvent les températures minimum et maximum volontaires, c'est-à-dire les températures extrêmes auxquelles le reptile s'expose volontairement ; les températures les plus basses et les plus hautes sont, si possible, évitées. À l'intérieur de cette plage un grand nombre de reptiles ont également une plage plus restreinte, dite plage de température corporelle préférée.
En dehors de la plage d'activité, se trouve un minimum et un maximum thermique critique, c'est-à-dire des températures auxquelles le reptile cesse de fonctionner normalement et de se déplacer. Outre ces températures critiques, on trouve un minimum et un maximum mortel au-delà desquels une mort rapide intervient. Pour ce qui est de la gestion d'un terrarium, il est particulièrement important d'assimiler la notion de **température corporelle préférée** qui est la plage de températures optimale qu'il faut fournir aux reptiles pour permettre la thermorégulation : dans la gamme de températures correspondant à sa température corporelle préférée, l'animal peut mener toutes ses activités physiologiques (par exemple, la digestion, l'assimilation de la nourriture et les fonctions immunitaires) sans problèmes. Cette plage de températures, qui varie selon les espèces, peut être restreinte chez certains et plus large chez d'autres.

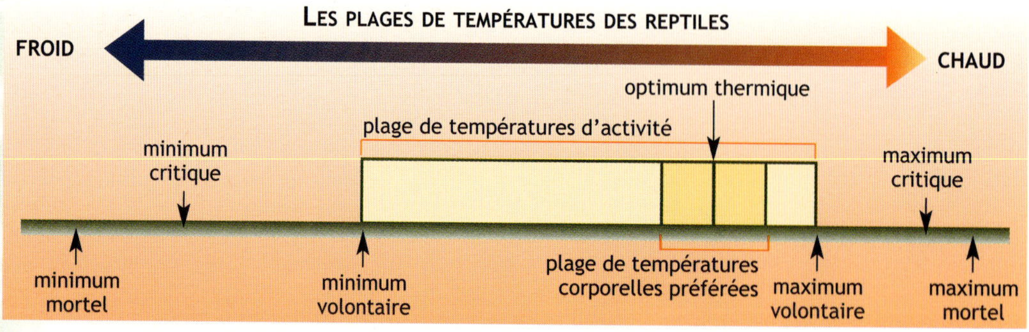

Lorsque la saison est trop froide pour qu'elles puissent continuer leurs activités physiologiques, les tortues des climats tempérés entrent dans une phase de « vie suspendue » que l'on appelle **hivernation** ou **léthargie** : elles creusent dans le sol un trou où elles se placent pour se protéger du froid et réduisent au minimum tout leur métabolisme en attendant l'arrivée de la saison chaude suivante. On observe un phénomène très semblable, appelé **estivation** dans des milieux arides. Dans ce cas également, les tortues s'enterrent dans un trou et diminuent nettement leur métabolisme, mais cette fois pour se défendre de la chaleur excessive et de la déshydratation, en attendant une période plus fraîche et humide.

LE COMPORTEMENT SOCIAL

Les tortues sont des animaux asociaux qui n'éprouvent aucun intérêt pour leurs semblables, si ce n'est pendant les périodes d'accouplement ou lorsqu'elles doivent défendre le territoire contre d'éventuels envahisseurs. Chez certaines espèces, les mâles essaient de chasser de leur territoire les autres mâles qui s'y sont aventurés en engageant des luttes furibondes à coups de carapace, essayant de renverser leur rival. C'est pourquoi il peut être dangereux de placer dans une même enceinte plusieurs spécimens, surtout des mâles : en effet, les luttes qui les opposent et les attaques continuelles sur les femelles provoquent du stress et des blessures. L'intérêt pour leurs petits est quasi inexistant, à tel point qu'une fois qu'elles ont recouvert de terre le nid où ont été pondus les œufs, elles ne s'occupent plus de leur progéniture.

▼ *L'intérêt des tortues envers leurs semblables se manifeste principalement pendant la période de reproduction (photo Flavio Nicoletti)*

L'ACQUISITION

Avant de faire l'acquisition de l'un de ces reptiles fascinants, nous vous conseillons de lire ces quelques lignes, de manière à éviter de regretter plus tard, votre décision ou de vous retrouver dans l'incapacité de gérer ces animaux.

Tout d'abord, il convient de s'informer le plus possible sur les exigences de l'espèce que vous souhaitez acheter en vous assurant que vous pourrez les satisfaire d'une manière appropriée. Mieux vous connaîtrez les besoins de l'espèce en matière d'élevage, meilleures seront les conditions que vous assurerez aux animaux sous votre garde.

D'autre part, il est important de n'acheter que des spécimens semblant en parfait état de santé. Vous pourrez avoir l'impression de faire une bonne affaire en achetant une tortue atteinte d'une maladie apparemment bénigne, mais cela pourrait à terme vous coûter cher (frais vétérinaires et achat de médicaments), sans compter que le reptile risque de mourir rapidement ou de contaminer d'autres tortues, ce qui aurait des conséquences désastreuses.

Par ailleurs, lorsque l'on choisit une espèce, il faut tenir compte de l'espace dont le reptile a besoin à l'âge adulte (n'achetez pas une *Geochelone sulcata* ni une *Geochelone pardalis* si vous vivez dans un petit appartement !). Il faudra également tenir compte de la longévité de ces animaux, dont il faudra s'occuper pendant plusieurs décennies.

Assurez-vous par ailleurs que les animaux que vous allez acheter (ou que vous recevrez en cadeau) sont bien en règle : dans le cas contraire, vous risquez de vous voir infliger des sanctions sévères.

Il faut préparer à l'avance l'installation nécessaire à une tortue, qu'il s'agisse d'un

▼ *Les espèces délicates, rares et coûteuses, comme ces* Pixys aracnoides *ne conviennent pas aux débutants (photo Mauro Favrin)*

enclos en plein air, d'une serre ou d'un terrarium, de sorte que l'animal puisse être placé immédiatement dans un endroit approprié. Pensez enfin à la manière dont vous pourrez vous organiser pendant les vacances et réfléchissez aux personnes auxquelles vous pourrez confier vos animaux pendant votre absence : contrairement aux serpents, les tortues nécessitent des soins quotidiens.

OÙ ACHETER UNE TORTUE

Vous pouvez acheter des tortues dans des magasins pour animaux, chez des éleveurs amateurs et parfois dans des expositions de reptiles. Quoi qu'il en soit, il est préférable de s'adresser à des personnes jouissant d'une bonne réputation et considérées comme fiables.
Le vendeur doit prouver qu'il a une bonne connaissance de l'espèce et de ses besoins et qu'il dispose de tous les documents nécessaires. Si l'achat se fait dans un magasin, n'oubliez pas de demander une facture (les éleveurs privés eux n'en établissent généralement pas). Avant de procéder à l'achat, il est en outre nécessaire de vérifier soigneusement la manière dont les animaux sont traités : saleté, surpopulation, conditions environnementales non appropriées et alimentation non adéquate doivent vous inciter à ne pas acheter d'animal et à vous adresser ailleurs.

▲ Kinixys belliana *: c'est une des espèces de* Kinixys *les plus délicates*

LE CHOIX DE L'ESPÈCE

Pour choisir la bonne espèce, il faut tenir compte d'un certain nombre de facteurs. Tout d'abord la possibilité d'acclimatation de l'animal dans la région où vous vivez. Les tortues provenant de régions tropicales, par exemple de nombreuses espèces de *Geochelone*, qui ont besoin d'un milieu chaud toute l'année et ne doivent pas hiverner, ne peuvent, bien entendu, pas rester en plein air pendant les mois d'hiver : il faudra donc les placer, au moins pendant une partie de l'année, dans un terrarium ou dans une serre chauffée. Pour bien vivre, la plupart des tortues terrestres et, en particulier, les *Testudo*, ont besoin de vastes espaces et de plein air : si vous ne disposez pas d'un terrain approprié, c'est-à-dire au moins partiellement ensoleillé, il est préférable de choisir d'autres types de reptiles s'adaptant mieux à la vie en terrarium. Une tortue terrestre obligée de vivre sur un balcon ou une terrasse sera toujours un animal malheureux. Il faut également tenir compte de la taille de l'animal adulte, en particulier lorsque l'on achète des spécimens très jeunes. Une *Geochelone sulcata* ou une *Geochelone pardalis* qui viennent de naître sont de très beaux animaux qui s'adaptent souvent bien à la captivité mais, étant donné qu'elles atteignent des dimensions impressionnantes, il est déconseillé de les élever en terrarium, même spacieux. D'autre part, certaines espèces sont particulièrement difficiles à élever et nécessitent une certaine expérience. Si vous débutez, ne choisissez pas des spécimens difficiles tels que les *Kinixys* spp., les *Pyxis* spp. ou des *Geochelone elegans*.

DE CAPTURE OU D'ÉLEVAGE ?

Les tortues que l'on trouve dans le commerce peuvent être nées en captivité ou avoir été capturées dans leur milieu naturel. Malheureusement il n'est pas toujours possible de remonter aux origines des animaux vendus dans les magasins, même en vérifiant les documents CITES sur lesquels le pays d'origine est plus ou moins clairement indiqué. Pour des raisons à la fois éthiques et pratiques, il est préférable d'opter pour des animaux nés en captivité. En effet, toutes les espèces de tortues terrestres à

▲ *Les tortues capturées dans la nature sont souvent stressées et affaiblies et leur taux de mortalité est élevé*

▲ *Les tortues venant de naître sont plus délicates et plus vulnérables aux éventuelles erreurs d'élevage*

l'état naturel sont en voie d'extinction à cause de la destruction de leur habitat naturel ou du commerce plus ou moins légal dont elles font l'objet. Étant donné qu'un véritable passionné doit toujours se comporter d'une manière responsable et ne pas favoriser la disparition de ces splendides animaux, nous vous conseillons de n'acheter que des spécimens d'élevage. Une autre raison pour ne pas acheter d'animaux de capture est d'ordre sanitaire. Les spécimens capturés dans la nature sont souvent affaiblis et déshydratés (le voyage entre le lieu de capture et le magasin est long et se fait dans des conditions souvent difficiles) et elles sont gravement infestées de parasites internes. Ces reptiles, extrêmement stressés, succombent facilement à des infections secondaires et leur adaptation aux conditions de captivité peut s'avérer longue et difficile. En revanche, les tortues nées et ayant grandi en captivité s'adaptent souvent sans problèmes, elles sont plus robustes et se reproduisent beaucoup plus facilement.

DE QUEL ÂGE ?

Les sujets très jeunes coûtent moins cher que les autres, mais ils sont aussi plus délicats au cours de la première période de leur vie. Si vous êtes un néophyte, nous vous conseillons de choisir des spécimens d'au moins six à douze mois, ayant déjà surmonté la phase la plus critique de leur croissance. Pourtant un argument parle en faveur des spécimens jeunes, car il est vrai que les petites tortues sont probablement nées en captivité et sont donc préférables à des sujets capturés dans la nature.

COMBIEN D'ANIMAUX ?

Si vous n'avez pas d'expérience dans le domaine de l'élevage des tortues, nous vous conseillons de vous limiter à un ou deux spécimens au départ. Il en va de même pour des personnes qui, bien qu'élevant déjà avec succès d'autres espèces, désirent acheter des spécimens d'une espèce qu'elles ne connaissent pas : il faudra au départ se limiter à un seul couple.

Le nombre de spécimens que l'on souhaite élever dépend également de l'espace, du temps et de l'argent dont on dispose. Bien entendu, il est préférable de se limiter au nombre de spécimens que l'on est capable de soigner plutôt que de devenir un « collectionneur » de tortues accumulant des animaux auxquels on n'est pas capable d'accorder les attentions nécessaires.

Pour ce qui concerne le nombre de sujets de la même espèce pouvant être placés dans une enceinte ou dans un terrarium, il faut préciser que les tortues ne sont pas des animaux sociaux et qu'elles n'ont donc aucun besoin de la présence des autres, si ce n'est pendant la période d'accouplement. Dans le cas des *Testudo graeca* et des *Testudo hermanni* adultes, pour éviter des problèmes de santé pouvant devenir graves, il est nécessaire de respecter un rapport correct entre le nombre de mâles et de femelles (1:3 ou 1:5, c'est-à-dire de trois à cinq femelles pour un mâle).

COMMENT CHOISIR UN SUJET EN BONNE SANTÉ

Pour choisir un sujet en bonne santé il faut commencer par examiner la boutique ou l'élevage où se trouve le reptile. L'endroit doit être propre et bien aéré, les terrariums propres et correctement installés (pour ce qui concerne le matériau de fond, les systèmes de chauffage, la présence de lampes UV, etc.) et l'alimentation appropriée pour l'espèce. La présence de déjections à l'intérieur du terrarium n'est pas nécessairement la preuve d'un manque d'hygiène, car les tortues défèquent fréquemment.

En revanche, si des spécimens appartenant à des espèces différentes cohabitent dans le même terrarium ou si celui-ci est surpeuplé, nous vous conseillons de vous méfier.

Si la tortue est élevée en plein air, il faut observer l'espace à sa disposition, son emplacement (au soleil ou à l'ombre) la présence d'abris, la présence d'eau et, dans le cas de *Testudo*, s'informer sur la manière dont l'hivernation s'est effectuée. En outre, il faut observer le nombre d'animaux présents dans la même enceinte et le rapport mâle/femelle ; dans ce cas également la surpopulation est un élément négatif. Dans le cas d'une femelle adulte, il faudra demander si elle a déjà pondu.

Les **fèces**, que ce soit dans le terrarium ou dans l'enceinte, doivent être bien formées : des fèces molles ou liquides sont en effet des symptômes indiquant une alimentation non appropriée, des parasites ou des infections intestinales.

Une fois que vous aurez choisi un sujet, il faudra l'observer avec attention en examinant tout d'abord son **port** général : lorsqu'elle est éveillée, une tortue a les yeux bien ouverts et regarde souvent autour d'elle avec attention, elle se maintient sur ses quatre membres sans difficultés et, si elle ne vient pas de manger, s'intéresse à la nourriture. Le fait qu'elle accepte volontiers les aliments est également un signe favorable.

La **tête** doit également être examinée avec attention. Les narines doivent être propres et ne doivent pas comporter d'écoulements muqueux ou purulents et la peau autour des narines doit n'être ni rougie ni marquée par des ulcérations. Une respiration bouche ouverte ou avec le cou allongé peut indiquer une grave infection respiratoire.

Les paupières doivent s'ouvrir facilement et ne pas présenter de tuméfactions ou d'altérations de couleur. Les yeux doivent être propres et lumineux ; des yeux enfoncés sont un

▲ *Une tortue boîte certainement malade*

▼ *Une tortue présentant un écoulement nasal*

▼ *Une respiration bouche ouverte est un symptôme grave nécessitant une visite vétérinaire d'urgence*

signe de déshydratation ou de malaise grave. Il est souvent normal, surtout pour les tortues du genre *Testudo*, de constater la présence d'un écoulement lacrymal le long de la face. Les membranes tympaniques, placées sur les côtés de la tête derrière les yeux, doivent être plates ou légèrement concaves : toute protubérance est généralement associée à une otite moyenne (une infection de l'oreille) qui nécessite un traitement chirurgical.

Les bords du bec doivent être réguliers, sans croissances excessives de la corne, ni fissures. Une fois que vous aurez vérifié que le sujet ne présente pas d'anomalies, demandez à l'éleveur (ou au vendeur) de la prendre dans votre main. Une tortue en bonne santé doit donner une certaine impression de **poids** : au contraire si elle semble très légère pour sa taille (vous aurez la sensation de tenir une coquille vide) elle souffre probablement de problèmes de santé. Toutefois, il faut savoir que c'est une estimation approximative qui nécessite une certaine expérience.

Il faut ensuite évaluer la consistance de la **carapace** : en général une tortue de plus d'un an doit présenter une carapace bien calcifiée, de consistance osseuse et ne cédant pas sous la pression ; si la carapace est tendre cela signifie que des erreurs d'alimentation ou d'élevage ont été commises. Bien entendu, la tortue plate africaine, la *Malacochersus tornieri* fait exception, car, même adulte, sa carapace est molle, cédant sous la pression. Il faudra observer avec attention la surface de la dossière et du plastron pour relever l'éventuelle présence d'altérations, par exemple des érosions, des colorations anormales ou le détachement des écailles et des zones hémorragiques sous celles-ci. Les maladies frappant la carapace peuvent en effet être très graves et provoquer la mort de l'animal par septicémie. N'oubliez pas toutefois qu'une tortue vivant en plein air présente rarement une carapace parfaite et que de nombreuses lésions, même si elles sont parfaitement guéries peuvent laisser sur la carapace des marques qui n'ont aucune signification pathologique.

▲ *Cette carapace présente une lésion désormais guérie. Avec le temps, la partie blanche, constituée d'un os nécrotique se détache, tandis qu'en dessous se forme le tissu sain. Il peut rester une cicatrice qui n'est pas du tout signe de mauvaise santé*

Si le tempérament et la taille du reptile le permettent, il est très utile d'observer l'intérieur de la **bouche** (même si cela est difficile à réaliser la plupart du temps) vous pouvez éventuellement demander l'aide du propriétaire ou du vendeur pour éviter de faire mal à l'animal ou à vous-même (une morsure peut être très douloureuse). L'intérieur doit être

▼ *Les* Testudo hermanni *mâles peuvent provoquer de graves lésions pendant l'accouplement. Celles-ci se situent souvent à l'endroit où la queue rejoint la dossière*

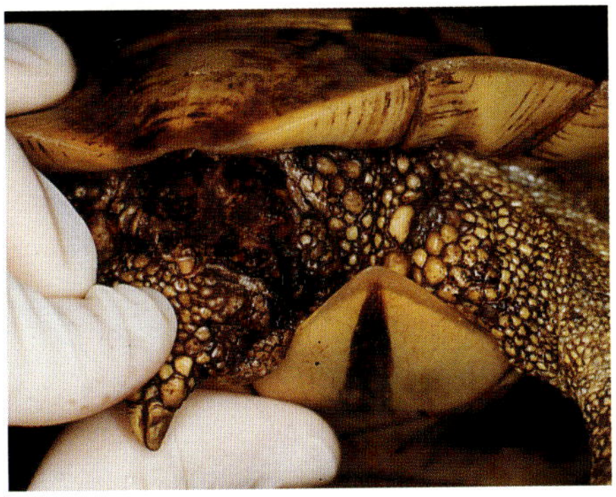

▼ *Pour déceler la présence d'éventuelles tiques situées à la base des membres ou à la jonction de la peau et de la carapace, il faut examiner soigneusement l'animal*

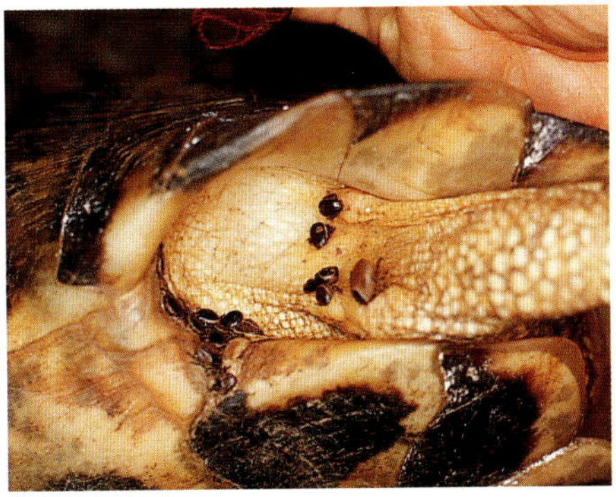

rose, même si les bords internes du bec et le palais sont souvent jaunâtres. Les sujets présentant une coloration anormale (pâle, grisâtre, rouge vif ou jaune) de la muqueuse de la cavité orale ou présentant une accumulation de matériaux purulents ou hémorragiques doivent être écartés. Une légère pression sous la bouche ne devra pas provoquer d'écoulements des narines ce qui indiquerait un problème au niveau des voies respiratoires.
Les **membres** ne doivent pas présenter de nodules ni de tuméfactions (symptômes possibles de problèmes articulaires, de fractures ou d'abcès), ils doivent se mouvoir énergiquement et, si vous les pincez légèrement avec vos doigts, rentrer rapidement dans la carapace. Observez avec attention la partie dorsale de la **queue** à l'endroit où celle-ci rejoint le bord inférieur de la dossière car c'est un point qui est souvent à l'origine d'infections profondes. Le **cloaque** doit être propre et ne pas présenter de traces de déjection, de rougeurs, de lésions ni de tuméfactions.

COMMENT MANIPULER UNE TORTUE

En général, mis à part les spécimens de très grande taille, les tortues terrestres sont faciles à examiner et à manipuler. Vous pouvez tenir les sujets les plus petits entre vos doigts (comme un sandwich) tandis que pour les plus grandes, il suffit de tenir de vos deux mains les côtés de la carapace.
Les tortues terrestres ne sont pas des animaux agressifs et leur système de défense consiste à rentrer la tête et les membres à l'intérieur de leur carapace. Souvent, en particulier avec les sujets du genre *Testudo*, il est possible, en faisant preuve de beaucoup de patience et progressivement, de faire sortir les membres et la tête mais si l'on n'a pas d'expérience il est préférable d'éviter cette manœuvre pour ne pas faire mal à l'animal. Pour forcer un animal à sortir sa tête et ses membres avant, il faut rentrer les membres arrière dans la carapace de manière à réduire le volume interne de l'animal ; pour l'obliger à sortir ses membres arrière poussez vers l'intérieur la tête et les membres avant. Pour examiner la tête et les membres d'une tortue boîte (genres *Terrapene* et *Cuora*) enfermée dans sa carapace hermétique (opération qui n'est pas du tout facile) on peut exercer une légère pression contre la moitié arrière du plastron, de sorte que la moitié avant s'ouvre légèrement ; on posera alors le pouce et l'index dans l'espace entre la dossière et le plastron et on les bougera délicatement pour faire sortir un membre du reptile. Une fois que vous avez fait sortir une patte, la carapace reste ouverte. Lorsque vous manipulez ces tortues soyez très prudent et veillez à ne pas vous coincer le doigt à l'intérieur de la carapace (c'est une expérience plutôt douloureuse).
Si vous manipulez des tortues de grande taille (par exemple les *Geochelone pardalis* ou *Geochelone sulcata*) soyez très prudent lorsque vous mettez vos doigts dans les fosses axillaires ou inguinales : en effet, si l'animal rentre brutalement dans sa carapace, l'un de vos doigts risque de rester coincé par sa patte (et il pourrait être compliqué de le sortir étant donné la force considérable de ces reptiles, et vous risquez d'avoir très mal). Sachez toutefois qu'il s'agit de comportements instinctifs qui ne sont pas destinés spécifiquement à blesser. Il est essentiel de ne pas laisser tomber les tortues pour ne pas les blesser et ne pas provoquer de fractures à leur carapace. Très souvent, lorsqu'ils sont manipulés, ces reptiles urinent et il leur arrive de déféquer : attention donc à ne pas lâcher prise par inadvertance. Enfin, n'oubliez pas qu'il ne faut pas laisser les tortues renversées sur le dos car elles n'apprécient pas du tout cette position et en cas d'infection respiratoire grave cela pourrait même provoquer leur mort.

◄ *Les tortues qui viennent de naître sont délicates et doivent être manipulées en douceur*

LE TRANSPORT

Pour transporter une tortue pendant la saison chaude, il suffit de disposer d'un récipient approprié à la taille de l'animal (par exemple une boîte en carton ou une caissette en bois ou en plastique, avec des feuilles de papier journal sur le fond). Pendant la saison froide en revanche, il faudra assurer l'isolation thermique du reptile et éviter les écarts de températures : dans ce cas, utilisez un conteneur isolant, par exemple une grosse boîte en poly-

▼ *Les tortues de grande taille doivent être saisies d'une manière assurée mais il est assez facile de les manipuler*

styrène ou un sac en plastique. Vous pouvez également mettre à l'intérieur des bouteilles en plastique remplies d'eau chaude, en les fixant bien pour éviter qu'elles n'écrasent la tortue en roulant, surtout si celle-ci est de petite taille. Quoi qu'il en soit, il faut éviter de créer à l'intérieur du conteneur une température excessive qui serait très mauvaise pour le reptile. Si le trajet n'est pas très court on assurera une aération en ménageant des petits trous (dans le cas des conteneurs en carton ou en polystyrène) ou en ouvrant périodiquement le couvercle (dans le cas de conteneurs à fermeture hermétique). La tortue doit être transportée le plus rapidement possible dans sa nouvelle « maison » (qu'il s'agisse d'un enclos en plein air ou d'un terrarium), qui devra toujours avoir été préparée à l'avance.

▼ *Un conteneur en polystyrène est un moyen de transport pratique et isolant*

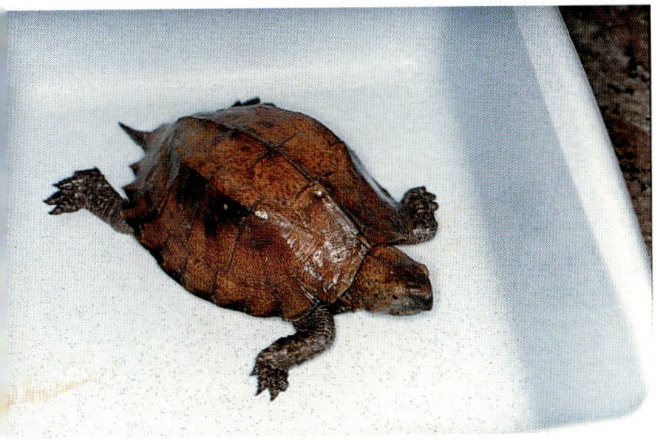

POUR LES DÉBUTANTS

Nous vous conseillons de vous faire accompagner le jour de votre achat par une personne plus expérimentée qui saura mieux évaluer que vous le spécimen et vous donnera des conseils utiles.

LA QUARANTAINE

Chaque fois que vous achetez une nouvelle tortue, il faut éviter tout contact avec d'autres tortues que vous posséderiez déjà. En effet, il est important de respecter une période de quarantaine qui, compte tenu de la lenteur du métabolisme de ces animaux, devrait durer au moins trois mois et de préférence six. Placer un animal que vous venez d'acheter avec d'autres peut provoquer la diffusion à l'ensemble de la colonie d'éventuels problèmes infectieux ou parasitaires, ce qui peut avoir des résultats catastrophiques.

Dans l'idéal, il faudrait faire contrôler immédiatement l'animal par un vétérinaire spécialisé dans le soin des reptiles, et en particulier faire effectuer un examen des fèces pour déceler la présence éventuelle de parasites intestinaux. Les spécimens capturés dans la nature présentent en effet souvent de graves infestations parasitaires qui peuvent compromettre gravement leur santé. Si vous comptez placer définitivement la tortue dans un terrarium, il faudra commencer par la mettre dans une cage aménagée simplement et dont le fond sera recouvert de feuilles de papier : de la sorte il sera plus facile d'observer son comportement, la quantité d'aliments absorbée et l'aspect des déjections.

En revanche, si l'habitat définitif du reptile est en plein air, avec d'autres sujets, il faudra au départ le placer dans une enceinte séparée à une certaine distance des autres animaux.

Pendant la période de quarantaine, il faudra observer la tortue avec attention pour déterminer si elle se comporte normalement, si et quand elle s'alimente et vérifier la consistance des fèces. Si des symptômes de maladie apparaissaient (anorexie, écoulement nasal, comportement apathique, etc.) consultez un vétérinaire dès que possible. En revanche, si vous ne constatez pas de problème, à la fin de la quarantaine, vous pourrez placer la tortue dans son habitat définitif avec d'autres spécimens.

L'ÉLEVAGE EN PLEIN AIR

Si le climat le permet, un élevage en plein air est idéal pour des tortues. L'air libre, la lumière directe du soleil, la possibilité de se déplacer et de manger de l'herbe sont en effet extrêmement bénéfiques pour la santé de ces reptiles.
Bien entendu, il faut, pour ce faire, disposer d'un terrain adapté, partiellement exposé au soleil et partiellement ombragé, pour permettre aux tortues de se protéger contre une chaleur excessive. L'une des erreurs les plus graves couramment commise consiste à laisser les tortues libres de se déplacer plutôt que de créer une zone délimitée où elles seront protégées. La preuve en est le grand nombre d'animaux qui, tous les ans, meurent ou subissent de graves blessures parce qu'ils sont écrasés par des automobiles ou blessés par des tondeuses à gazon dans les jardins ou les cours des maisons. Il est par conséquent indispensable de créer une zone sûre, spacieuse mais entourée d'une clôture empê-

▼ *Sous nos climats, l'élevage en plein air est le plus conseillé pour les tortues. La possibilité de se nourrir d'une manière naturelle avec des herbes conjuguée à l'action du soleil leur sont en effet très bénéfiques, ces conditions étant impossibles à reproduire en terrarium*

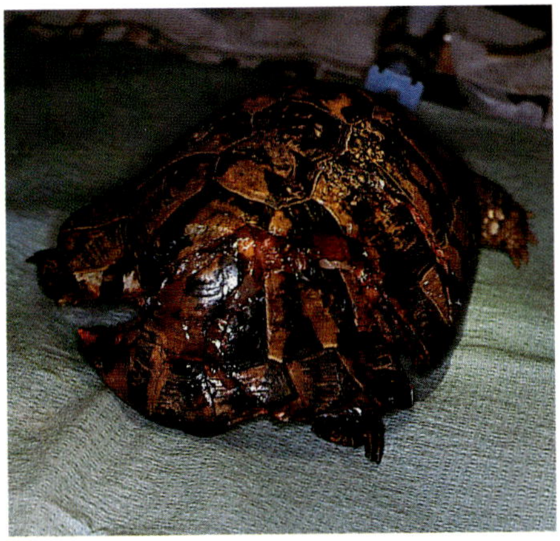

▲ *Si elles ne sont pas protégées d'une manière appropriée par une clôture, les tortues qui vivent dans les jardins sont exposées à toute sorte de dangers*

chant la fuite pour que les reptiles ne s'éloignent pas, ne se perdent pas, ne soient pas écrasés par des portails ou ne fassent l'objet de l'attention inopportune de quelque chien.
Il est très important qu'il n'y ait aucune ouverture dans la clôture car autrement les tortues essaieront sans arrêt d'y passer. Pour cette raison la clôture doit être constituée d'un matériau robuste et résistant aux intempéries et au passage du temps. Il est également possible de créer une clôture permanente en construisant un muret bas en briques. Ces animaux, dont la gaucherie n'est qu'apparente, sont, en réalité très rusés, lorsqu'il s'agit de trouver une voie pour s'enfuir et ils sont même capables de grimper : la clôture doit donc être d'une hauteur égale au moins au double de la longueur de l'animal et s'enfoncer partiellement dans le sol, pour éviter que les tortues ne s'enfuient en creusant un passage souterrain. Pour une tortue moyenne, les dimensions idéales sont d'environ 5 à $10m^2$ mais plus la surface à leur disposition est importante, meilleures seront leurs conditions de vie.
Pour les tortues méditerranéennes, le substrat idéal est constitué d'herbes et de plantes des champs qui leur permettra de paître et de s'alimenter. Pour les espèces provenant d'une région au climat aride, il est préférable d'avoir un fond sablonneux et sec, tandis que pour les espèces tropicales on peut utiliser du terreau et de l'écorce humidifiée que l'on pulvérisera souvent d'eau. Si vous possédez

▲ *Il ne faut pas sous-estimer l'habileté et la persévérance de ces animaux lorsqu'il s'agit de trouver le chemin de l'évasion*

▼ *La clôture ne doit pas présenter d'aspérités ou d'éléments coupants pour ne pas blesser les animaux par exemple cette* Testudo marginata *griffée par un fil métallique*

▲ *Les buissons bas sont essentiels pour fournir une zone ombragée*

▲ *Cet abri permet aux tortues de se protéger contre la chaleur ou le froid excessifs*

des femelles adultes, n'oubliez pas de laisser à leur disposition une zone ensoleillée de terrain souple où elles pourront creuser pour pondre.

Dans l'enclos, il faudra également mettre en place des buissons et des plantes qui leur serviront de cachette et fourniront les zones d'ombre indispensables en veillant bien entendu à ne pas utiliser de plantes toxiques (par exemple le rhododendron).

Il est également indispensable de placer dans l'enclos une maison/refuge qui permettra aux tortues de se protéger contre la chaleur excessive et le froid de la nuit ou des journées de mauvais temps. Cette maison, en matériau isolant et résistant aux intempéries,

▼ *Les* Terrapene *aussi peuvent vivre en plein air, mais elles ont besoin d'un milieu humide (photo Flavio Nicoletti)*

doit être légèrement surélevée, pour empêcher l'eau de pluie de l'inonder, et rembourrée de feuilles sèches, de paille et de terreau. Si elle est bien construite elle pourra également servir pour l'hivernation.

Les tortues méditerranéennes, si elles sont en bonne santé, peuvent rester en plein air jour et nuit, du printemps à l'automne, même les jours de pluie. En revanche, les tortues tropicales et déserticoles ne peuvent rester en plein air que pendant les journées chaudes et ensoleillées ou les nuits chaudes, tandis qu'au printemps et à l'automne, pendant la nuit et les jours de mauvais temps, elles devront être mises à l'abri dans un endroit chauffé.

Une excellente solution consiste à aménager une petite serre éventuellement chauffée par des lampes où les animaux pourront se réfugier pour rester au chaud.

LA COHABITATION DES ANIMAUX

Le nombre de tortues présentes dans le même enclos et, surtout, le rapport numérique entre mâles et femelles est extrêmement important pour leur bien-être. En effet, les tortues sont des animaux solitaires et, dans la nature, la rencontre entre deux sujets de la même espèce est pour le moins sporadique. Si cette rencontre a lieu pendant la saison de l'accouplement, elle se termine par une lutte s'il s'agit de deux mâles ou par une tentative d'accouplement s'il s'agit de sujets de sexes différents. Ensuite, chaque reptile s'en va de son côté. Par contre, dans un enclos fermé, les tortues sont obligées de cohabiter ce qui n'est pas du tout naturel pour elles. Si deux ou plusieurs mâles sont présents, les luttes qu'ils mèneront entre eux pour se partager le territoire et d'éventuelles femelles risquent de provoquer des blessures graves ou au moins une situation de stress continu pour l'individu soumis. Au contraire, si un mâle et une femelle sont présents, la femelle fera l'objet d'une « cour » continue et de tentatives de monte et étant donné que ces comportements sont plutôt « indélicats » (morsures, coups sur la carapace), le mâle pourrait provoquer des blessures assez graves et même la mort de la femelle.

En particulier dans le cas des tortues méditerranéennes, le rapport numérique idéal entre mâle et femelle est d'un mâle pour quatre ou cinq femelles. Toutefois, si l'on n'arrive pas à créer un groupe de ce type (parce qu'il n'y a pas assez de femelles ou parce qu'il y a un nombre excessif de mâles), il faudra aménager un certain nombre d'enclos pour isoler les mâles tandis que les femelles pourront rester ensemble sans trop de problèmes. Pendant la période d'accouplement, le mâle pourra être placé avec les femelles pendant quelques jours avant d'être à nouveau isolé.

▼ *Les mâles de certaines espèces, surtout les* Testudo hermanni, *agressent les femelles avec une certaine violence, provoquant des blessures par morsures et des lésions. À gauche : une lésion de la patte provoquée par une morsure et, à droite, une lésion sur toute l'épaisseur de la carapace*

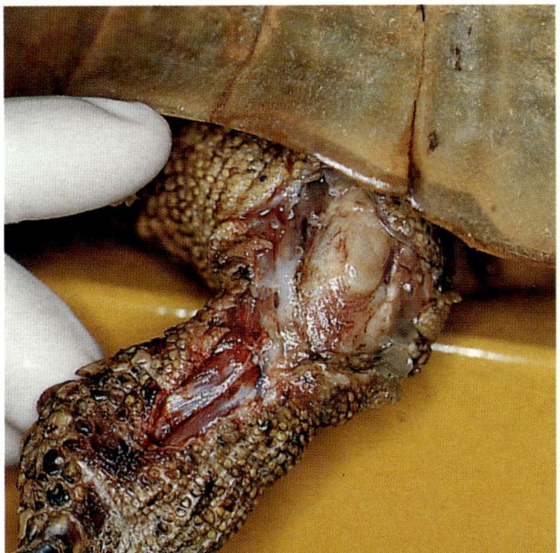

L'INSTALLATION DES PETITS

Les petites tortues sont particulièrement vulnérables et nécessitent des précautions spécifiques lorsque l'on aménage un enclos en plein air. Il faut en effet veiller à les protéger contre l'attaque d'éventuels prédateurs tels que des chiens, des chats, des rats ou des souris.

Elles peuvent donc être placées dans un enclos en grillage fin qui, non seulement bloquera leurs tentatives de fuite, mais empêchera l'accès des rongeurs de plus petite taille. Une couverture en grillage protégera l'enclos et ses occupants sans empêcher l'accès des rayons solaires. Si vous utilisez un enclos mobile, vous pourrez le déplacer régulièrement et le mettre sur des zones d'herbe fraîche.

Il est également indispensable de protéger les petits contre la chaleur excessive et d'éventuelles noyades provoquées par des pluies particulièrement abondantes. Dans ce cas également, une maison refuge de dimensions appropriées leur permettra de se protéger même par grand froid.

▼ *Un vivarium pour l'élevage en plein air des petits : le grillage métallique robuste empêche toute fuite et permet le passage des rayons du soleil, tandis que les plantes assurent de l'ombre et permettent aux tortues de se cacher*

▼ *Un abri bien isolé, qui protège les petits contre la chaleur excessive ou les grands froids. Le vivarium et l'abri sont dotés d'un toit ouvrant afin de permettre un accès facile aux animaux*

UNE MÉTHODE INACCEPTABLE

Il nous est souvent arrivé de voir des tortues dont la carapace a été percée pour les attacher et les empêcher de s'échapper. C'est une pratique cruelle et condamnable : en effet la carapace est une structure vivante et sensible, par conséquent le perçage est très douloureux pour l'animal. La seule méthode acceptable pour éviter que les tortues ne s'enfuient est de construire un enclos bien fait.

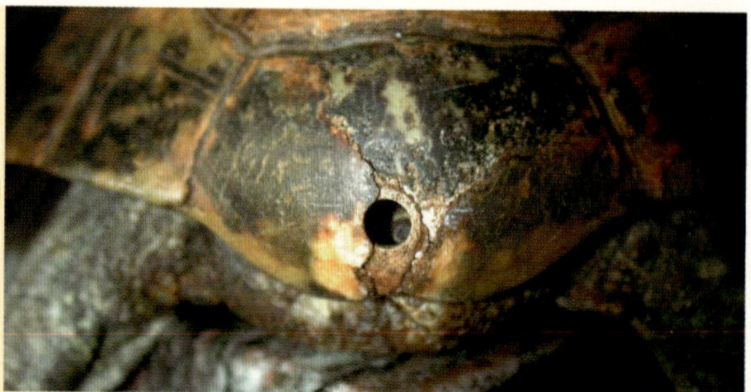

▲ *Trou pratiqué sur la carapace d'une tortue terrestre*

L'ÉLEVAGE EN TERRARIUM

La meilleure manière d'élever en captivité des tortues terrestres est de les placer dans un enclos en plein air. Si les besoins climatiques d'une espèce donnée excluent ce type d'installation il serait préférable de s'orienter vers une espèce pouvant s'adapter à nos climats : en effet, ces reptiles nécessitent des espaces assez vastes qu'il est difficile de fournir en terrarium. Toutefois, dans certaines situations, l'élevage en terrarium s'impose : par exemple pour les espèces tropicales pendant la saison froide, pour les sujets malades ou en observation ou qui ne sont pas capables de faire face à la phase de léthargie, ou encore pour des individus très jeunes en première phase de croissance. Dans toutes ces circonstances, il est conseillé de mettre en place un terrarium approprié qui ne soit pas un simple « récipient » mais qui offre aux reptiles des conditions de vie les plus proches possibles de celles qu'ils trouveraient dans la nature. Il existe deux types de terrariums. Dans le premier, on essaie de recréer un milieu « naturel », le plus ressemblant possible à l'habitat du reptile dans la nature, en le décorant avec des plantes, des rochers, des troncs, etc. : très agréable d'un point de vue esthétique, ce type de terrarium présente toutefois l'inconvénient de rendre les opérations de nettoyage assez compliquées.

Dans l'autre type de terrarium, dit « semi-stérile » et utilisé surtout pour les quarantaines et les sujets malades, les décorations et les éléments du paysage sont réduits au minimum : d'un point de vue esthétique il laisse un peu à désirer mais c'est certainement beaucoup plus hygiénique.

Un bon terrarium doit posséder certaines caractéristiques :

– empêcher toute fuite (si la tortue réussit à sortir du terrarium elle peut tomber par terre et se blesser) ;
– avoir des dimensions appropriées (les tortues ont besoin de beaucoup d'espace) ;
– fournir aux animaux des conditions environnementales appropriées (température, humidité, photopériode, etc.) ;
– être facile à nettoyer (l'hygiène est essentielle).

De toute évidence, un terrarium bien équipé peut être relativement coûteux.

Avant d'acheter une tortue il est donc essentiel de procéder à des recherches approfondies pour déterminer les besoins de l'espèce en matière de conditions environnementales ainsi que le type d'alimentation qu'elle exige. Chaque espèce a des besoins différents et il n'y a pas de solution miracle pour les satisfaire toute en captivité.

Lorsque l'on prépare un terrarium il est nécessaire de prendre en compte les éléments suivants :

– la structure ;
– les dimensions ;
– le nombre d'animaux présents ;
– la température et le chauffage ;
– l'éclairage ;
– l'eau et l'humidité ;
– la ventilation ;
– le substrat ;
– les accessoires ;
– l'emplacement ;
– l'hygiène.

LA STRUCTURE

Bien entendu, on peut acheter un terrarium tout fait mais si vous aimez bricoler vous pourrez en construire un de vos propres mains en prêtant une attention particulière à l'installation électrique ou en vous adressant à un spécialiste si vous n'avez pas les connaissances nécessaires pour assurer la sécurité de ce point de vue. Le matériau de base du terrarium est très important car il influe sur le microclimat qui régnera à l'intérieur. Très souvent, les terrariums sont en verre, un excellent matériau durable, facile à nettoyer et à désinfecter qui ne souffre pas de l'humidité et qui permet une bonne visualisation. Dans ce cas, le couvercle peut être constitué d'une structure permettant d'intégrer les ampoules pour l'éclairage et le chauffage. Au contraire, le plastique présente l'inconvénient de se rayer et donc de devenir assez peu esthétique avec le temps. La fibre de verre est par contre un excellent matériau : étant donné qu'elle est opaque, elle peut être utilisée pour le fond et trois des côtés (le quatrième devra être en verre pour que l'on puisse voir l'animal). Le bois permet de construire sur mesure de grands terrariums et il doit être traité avec des vernis imperméabilisants non toxiques pour le rendre résistant à l'humidité. Quel que soit le matériau choisi, il est essentiel que le terrarium soit facile à nettoyer (les opérations de nettoyage seront facilitées si on le dote d'un bac amovible). N'oubliez pas que si les parois sont transparentes, les tortues essaieront en permanence de les franchir ne se rendant pas compte qu'elles sont face à un obstacle : pour éviter cet inconvénient il faut donc rendre opaque le fond, deux côtés et le bord inférieur de la partie avant, par exemple en les recouvrant de panneaux de bois ou de contre-plaqué ou avec des feuilles adhésives opaques.

▲ *Un terrarium à plusieurs étages construit artisanalement. L'extérieur, en bois, est agréable à l'œil, il apporte une bonne isolation thermique et fournit aux animaux une barrière visuelle ; l'intérieur est en verre avec un fond constitué d'un bac amovible pour faciliter les opérations de nettoyage. Toutes les cages sont dotées d'ampoules chauffantes en céramique, d'un thermostat et de tubes à rayons ultraviolets*

LES DIMENSIONS

Les dimensions minimums d'un terrarium doivent permettre aux animaux d'avoir un comportement naturel, en particulier pour ce qui concerne la thermorégulation. En effet, une grande partie de l'activité des tortues est centrée sur ce phénomène.

Dans la nature, ces reptiles réussissent à maintenir leur température corporelle dans une plage déterminée en se déplaçant entre des zones plus chaudes ou plus froides de leur habitat. En captivité, elles doivent pouvoir faire de même. Il faut donc essayer de créer une zone plus chaude et une plus fraîche. Pour y parvenir, il est indispensable que le terrarium soit assez grand pour permettre de créer un gradient de température. Pour les tortues tropicales, par exemple la *Geochelone carbonaria* et la *Geochelone denticulata*, la présence d'un gradient thermique est moins important car ces animaux vivent dans un milieu dont la température est relativement constante. Bien entendu, les dimensions du terrarium seront proportionnelles à celles de l'animal qu'il abrite. Une *Geochelone sulcata* adulte par exemple aura besoin d'un espace tellement vaste que, pour lui assurer des conditions de vie appropriées, il serait préférable d'aménager une pièce plutôt qu'un simple terrarium.

LE NOMBRE D'ANIMAUX

Les dimensions du terrarium doivent être déterminées en fonction du nombre de reptiles présents. En effet, les tortues sont très territoriales et se battent souvent entre elles (en particulier les mâles pendant la saison de reproduction). Si elles ne se blessent pas toujours gravement, cela provoque de toute façon des situations stressantes.
Si vous placez ensemble plusieurs spécimens, il faudra leur fournir des cachettes et des barrières visuelles en s'assurant que chacun dispose d'un refuge spécifique et puisse accéder facilement à l'eau, à la nourriture et à la chaleur. En règle générale les mâles et les femelles doivent être logés séparément sauf pendant la saison de reproduction pour permettre l'accouplement. Du fait de leur taille réduite, les spécimens jeunes peuvent rester ensemble sans trop de problèmes.
Au contraire, il faut éviter de placer ensemble différentes espèces à la fois parce qu'il est difficile de créer un habitat les satisfaisant toutes et pour éviter de diffuser des agents pathogènes (virus, bactéries, parasites) d'une espèce à l'autre.

LA TEMPÉRATURE ET LE CHAUFFAGE

Pour réchauffer le terrarium il faudra veiller à assurer un **gradient thermique** ce qui signifie que le terrarium ne doit pas être chauffé d'une manière uniforme mais avec une zone plus chaude et une partie plus fraîche, de sorte que la tortue puisse choisir celle qu'elle préfère. On obtient un gradient de température en plaçant la source de chaleur principale à une extrémité du terrarium. Ainsi, la température diminue progressivement au fur et à mesure que l'on s'éloigne de la source de chaleur. Le gradient obtenu dépend directement de la dimension du terrarium et de l'intensité de la source de chaleur.
Bien entendu, les systèmes de chauffage devront être placés de manière à éviter que l'animal ne se brûle (en plaçant les sources de chaleur à un endroit où elles ne peuvent pas entrer en contact direct avec le reptile) et à lui épargner une chaleur excessive : en effet, les tortues peuvent mourir très rapidement à cause d'une température trop élevée.

GRADIENT DE TEMPÉRATURE

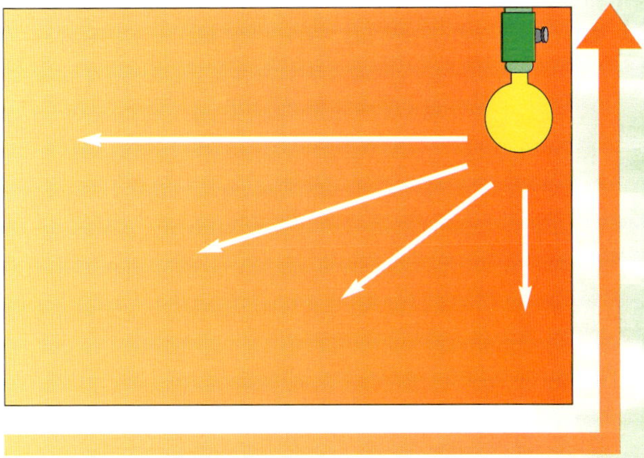

Pour vérifier le gradient il faudra utiliser au moins deux **thermomètres** : l'un sera placé à l'endroit le plus chaud et l'autre au point le plus froid, c'est-à-dire le plus éloigné des sources de chaleur. N'essayez pas de deviner la température et de la régler d'une manière empirique car vous risqueriez de commettre des erreurs très graves.
La présence d'un gradient de température est moins importante pour les tortues tropicales qui vivent dans un milieu où la température est relativement uniforme.
Enfin, n'oubliez pas que dans les petits terrariums, il peut être assez difficile de créer un gradient thermique approprié car ils ont tendance à se chauffer d'une manière uniforme même si l'on utilise une source de chaleur à faible intensité.
Le chauffage peut être assuré :
– par des roches chauffantes ;
– par des tapis et des câbles chauffants ;
– par des ampoules ;
– par des panneaux radiants ;
– par le chauffage de la pièce.
Ce que l'on appelle les **roches chauffantes** sont des rochers naturels ou artificiels contenant une résistance électrique et que l'on place dans le terrarium pour que le reptile se réchauffe en se posant dessus. Cette méthode de chauffage est toutefois

◄ *Les roches chauffantes sont déconseillées pour le chauffage du terrarium des tortues*

déconseillée car elle n'est pas naturelle. En effet, dans leur habitat, les tortues se chauffent par le haut, grâce aux rayons du soleil. En outre, ces roches provoquent fréquemment des blessures.

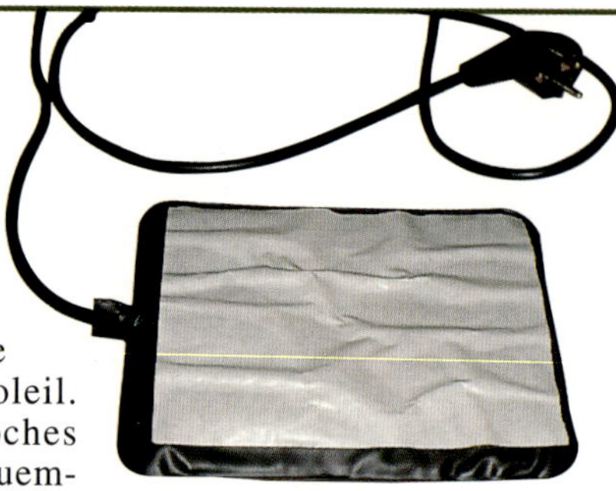

◄ *Tapis chauffant*

► *Ampoules chauffantes : celles colorées de rouge ou de bleu sont recommandées pour le chauffage nocturne*

Les **tapis** et **câbles chauffants** peuvent être utilisés pour chauffer le fond du terrarium mais ils doivent être complétés par une source de chaleur provenant du haut (ampoules). En général, on les place de sorte qu'une partie du fond ne soit pas chauffée et reste à une température inférieure pour créer un gradient de température. Il ne faut pas les placer à l'intérieur du terrarium mais en dessous et sans contact direct avec le fond pour éviter une chaleur excessive et des brûlures.

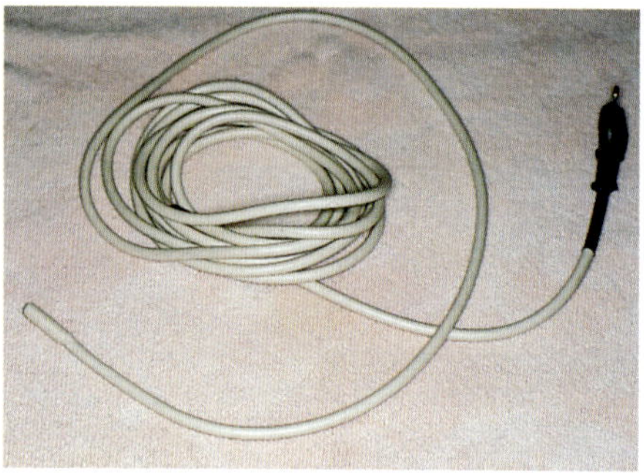

▲ *Câble chauffant*

Les **lampes** constituent le meilleur type de chauffage pour les tortues terrestres car elles imitent la chaleur fournie par le soleil. Il en existe de nombreux types : ampoules à incandescence, spot, ampoules en céramique (sans émission de lumière), à lumière nocturne (colorées de bleu) ou à infrarouge (avec émission de lumière rouge).

Les ampoules à incandescence présentent l'avantage d'être peu coûteuses ; en outre, en adaptant leur dimension et leur puissance on peut obtenir la température voulue à l'intérieur du terrarium.

Les spots sont en général des ampoules à incandescence dont une partie est traitée pour bloquer partiellement la lumière de manière à concentrer le faisceau de lumière émis. Ils permettent de créer un point chaud localisé (ce que l'on appelle « hot spot »). Ces deux types d'ampoules, qui émettent de la lumière, ne doivent pas être utilisés la nuit pour ne pas altérer le rythme photopériodique. Les ampoules en céramique, au contraire, produisent de la chaleur sans émettre de lumière. Elles conviennent donc au chauffage nocturne tout comme les ampoules à lumière colorée. Elles peuvent devenir très chaudes mais distribuent la chaleur dans un endroit précis : elles ne conviennent donc pas pour des terrariums très spacieux et risquent d'être excessives pour des petits terrariums.

▲ *Ampoule en céramique : elle fournit de la chaleur sans lumière*

Les ampoules à infrarouge peuvent créer des températures très élevées et doivent de préférence être suspendues à l'extérieur du terrarium, les rayons étant diffusés à travers un grillage. Rappelez-vous qu'il est important de respecter le rythme photopériodique et il ne faudra donc pas utiliser de source lumineuse pour le chauffage nocturne.

▼ *Panneau radiant*

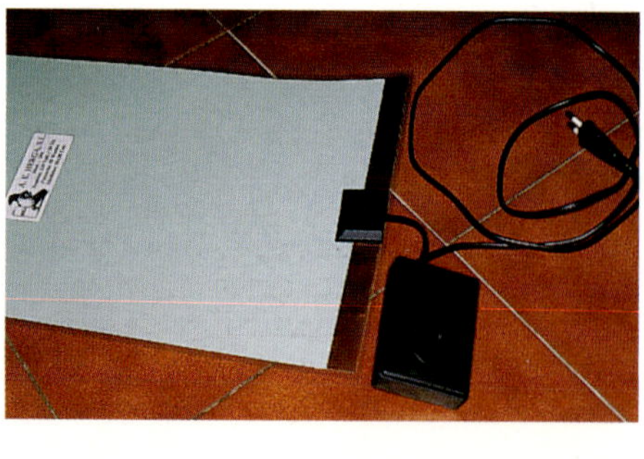

Les **panneaux radiants** sont des panneaux chauffés par une résistance comme les tapis chauffants et ils doivent être placés contre la paroi arrière du terrarium. Ils permettent d'assurer un chauffage de base uniforme.
Si vous possédez de nombreux terrariums il peut être plus pratique et économique de **chauffer la pièce** où ils sont placés, de manière à créer une température uniforme de base, puis éventuellement, de fournir dans les terrariums une source de chaleur localisée supplémentaire. La température à l'intérieur du terrarium ne doit jamais être calculée d'une manière empirique : en revanche, les **thermomètres** classiques que l'on utilise chez soi ou dans les serres sont tout à fait suffisants. Pour obtenir un contrôle approprié il faut utiliser deux thermomètres, l'un placé dans l'endroit le plus frais et l'autre dans l'endroit le plus chaud de manière non seulement à vérifier la température mais également l'existence d'un gradient. La plupart du temps un point chaud de 32 °C est acceptable, à condition qu'il y ait une zone plus fraîche à 20 °C dans le terrarium. Bien entendu, pour permettre un gradient approprié, le terrarium doit être de dimensions suffisantes.

L'ÉCLAIRAGE

L'intérieur d'un terrarium peut être éclairé avec des ampoules à incandescence, des spots ou des tubes au néon. Tous les types d'ampoule à incandescence utilisés pour le chauffage d'un terrarium conviennent aussi pour son éclairage. Les reptiles diurnes lorsqu'ils s'exposent au soleil reçoivent aussi bien les rayonnements lumineux (visibles) que les rayonnements infrarouges. Il est prouvé que dans un terrarium la séparation entre les sources de chaleur et les sources de lumière provoque des altérations de la thermorégulation : c'est la raison pour laquelle il est préférable d'utiliser une ampoule à la fois comme source de chaleur et comme source de lumière, ou bien de placer à proximité la source de chaleur et la source de lumière.
Il est essentiel de respecter le rythme **photopériodique** de l'animal c'est-à-dire le rapport entre le nombre d'heures de lumière et le nombre d'heures d'obscurité auquel est soumis un organisme sur vingt-quatre heures. Bien entendu, toutes les tortues se sont adaptées à un rythme photopériodique spécifique qui influe sur l'activité et le cycle reproductif de l'animal. Un rythme photopériodique correct a donc une grande importance pour la santé de ces reptiles, en particulier pour la reproduction.
En aucun cas, les reptiles ne doivent être éclairés en permanence car cela provoquerait progressivement une détérioration de leur état de santé (pendant l'hivernation il est possible de garder les sujets en permanence dans l'obscurité). C'est la raison pour laquelle il est important d'assurer pendant la nuit une source de chaleur sans émission de lumière.

L'importance des lampes à lumière ultraviolette (uv)

Les lampes à lumière ultraviolette sont indispensables pour le bien-être physique et psychique des tortues élevées en terrarium. La lumière ultraviolette qui nous intéresse est divisée en deux bandes de longueurs d'ondes : UVA et UVB. Les tortues, comme beaucoup d'autres reptiles, ont la possibilité de voir dans le spectre UVA, percevant ainsi les couleurs plus vives et plus brillantes que nous. Les ampoules à émission de rayons UVA apportent aux tortues des avantages indéniables d'un point de vue psychologique et stimulent la prise d'aliments et l'activité de reproduction. Les UVB ont une action différente mais tout aussi importante : ils permettent à la peau des tortues de synthétiser la vitamine D_3 indispensable pour permettre à leur organisme d'assimiler le calcium. En captivité, les ampoules à UVB doivent être utilisées s'il n'y a pas d'exposition à la lumière solaire directe, pour éviter le risque de graves carences en calcium. Pour la synthèse de la vitamine D_3, quelques minutes d'exposition par jour à la lumière directe du soleil suffisent, mais si cela n'est pas possible, il faudra utiliser une bonne lampe à UVB. On trouve dans le commerce de nombreux types de lampes au néon pour terrariums, ce qui peut provoquer une certaine confusion. Une ampoule émettant des UVB doit en porter mention sur l'emballage. Au contraire s'il n'apparaît que la mention « à spectre complet », selon toute probabilité, l'ampoule n'émettra que des UVA et ne sera donc d'aucune utilité pour la synthèse des vitamines D_3.
Les lampes qui produisent des UVB produisent également des UVA tandis que les lampes à UVA ne produisent pas nécessairement des UVB. Celles qui émettent une quantité suffisante d'UVB ne sont pas très lumineuses et doivent donc être utilisées en association

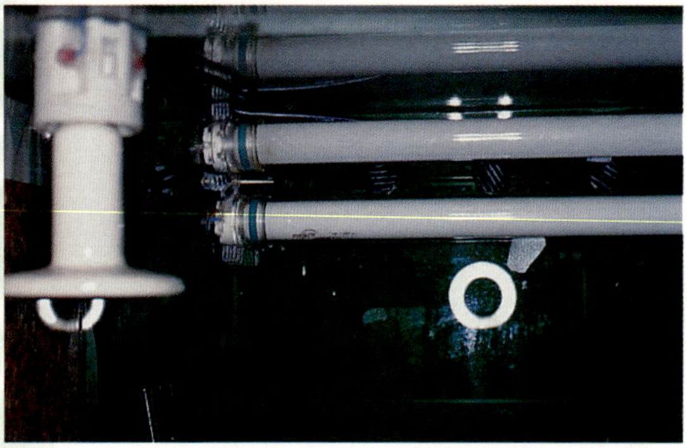

▲ *Tubes au néon, à rayons UVA et UVB*

avec une source de lumière normale ou une lampe à UVA. Les ampoules à UVB ont une durée de vie de six à douze mois : n'oubliez pas de les changer régulièrement, surtout pour des spécimens jeunes en phase de croissance. Ne vous laissez pas tromper par leur luminosité qui persiste même lorsque l'émission de rayons ultraviolets a cessé. Il est important qu'elles ne soient pas enfermées dans un boîtier et qu'il n'y ait aucun matériau s'interposant entre elles et la tortue (par exemple du verre ou du Plexiglas) car, dans ce cas, les rayons ultraviolets seraient bloqués et les ampoules inutiles. Elles doivent être placées à une faible distance du reptile (au maximum 45 cm, de préférence à 25-30 cm) car plus la distance est grande et moins la quantité de rayonnements ultraviolets agissant sur l'animal est importante. Les lampes à UVA et UVB de fabrication moderne peuvent rester allumées pendant toute la durée de la photopériode (12-14 heures) mais, la nuit, elles doivent être éteintes. Rappelons enfin que les tubes au néon pour aquariums, les ampoules à incandescence au tungstène et celles au néodyme n'émettent pas d'UVA ni d'UVB.

L'EAU, L'HUMIDITÉ ET LA VENTILATION

L'eau doit être placée dans un récipient de dimensions appropriées. Presque toutes les espèces apprécient de s'immerger pour boire et pour déféquer, par conséquent le récipient doit être d'une taille telle que la tortue puisse y entrer commodément (et en sortir tout aussi facilement). Pour éviter des risques de noyade, le niveau de l'eau doit être à peine supérieur à celui du plastron. Étant donné que, comme nous l'avons dit, de nombreuses espèces aiment déféquer dans l'eau, celle-ci doit être changée immédiatement lorsqu'elle est sale. Pour les espèces déserticoles qui boivent plus rarement, il suffira de placer un petit récipient contenant de l'eau. Un système de ventilation approprié est essentiel non seulement pour le changement d'air mais également pour éviter une accumulation excessive d'humidité qui peut favoriser le développement de champignons et de bactéries. En général, on obtient l'aération en pratiquant deux trous (protégés par des grilles) sur deux côtés opposés, un en haut et un en bas.

LE SUBSTRAT

Le substrat, indispensable d'un point de vue hygiénique et décoratif, doit être choisi avec soin pour éviter d'occasionner des problèmes de santé aux tortues. Par conséquent, le substrat idéal doit être :
- non toxique ;
- non abrasif ;
- non dangereux s'il est ingéré (digeste) ;
- hygiénique ;
- facile à remplacer ;
- économique ;
- agréable à l'œil.

Étant donné qu'il n'existe pas de matériaux réunissant toutes ces qualités, il faudra choisir celui qui offre les meilleures garanties du point de vue de la sécurité. Voyons maintenant les types de substrat que l'on peut utiliser.

Papier journal. Peu coûteux, hygiénique et facile à remplacer, le papier journal n'est toutefois pas très esthétique (on peut utiliser du papier kraft) c'est un substrat idéal pour les animaux en quarantaine et les animaux malades, car il permet de contrôler facilement la présence de fèces et d'urine.

Moquette. Facile à remplacer et réutilisable : il suffit de placer un morceau propre pendant qu'on lave l'autre. Elle ne peut être ingérée, mais il faut faire attention si elle s'effiloche. La moquette peut être esthétique mais il n'est pas facile de la garder propre.

▲ *L'hygromètre indique le degré d'humidité présent dans le terrarium*

▲ *Les feuilles de papier constituent un fond excellent pour le terrarium*

Granules pour lapins (à base d'herbes). S'ils sont avalés, ils ne provoquent pas d'obstruction intestinale et sont très nourrissants. Toutefois, s'ils sont absorbés en quantité excessive, ils peuvent constiper l'animal. Il faut les changer souvent lorsqu'ils sont sales pour éviter qu'ils ne moisissent. Ils sont relativement esthétiques.

Sciure. Particulièrement appropriée pour les espèces de grandes dimensions, c'est un matériau économique et absorbant et, si elle est changée régulièrement, elle ne favorise pas le développement des bactéries. Il faut veiller à ce qu'elle ne soit pas ingérée accidentellement avec la nourriture qui doit être placée dans un conteneur bas pour que la sciure ne s'y mélange pas. Évitez la sciure de cèdre qui est toxique.

Copeaux. Ils ont un aspect naturel et simplifient le nettoyage du terrarium.

Graviers pour chats. À éviter, car ils risquent de provoquer de graves occlusions si la tortue les avale et ils sont extrêmement abrasifs.

Écorces. Très esthétiques et pas très coûteuses elles sont également faciles à remplacer. Toutefois si elles sont ingérées elles peuvent provoquer des occlusions intestinales dangereuses. Il faut donc utiliser des morceaux suffisamment grands pour ne pas pouvoir être avalés, en tenant compte de la taille de la tortue.

Terreau. Agréable à l'œil et peu coûteux, il doit toutefois être changé souvent car il favorise le développement de bactéries et est difficile à nettoyer. Excellent pour les tortues qui doivent creuser pour pondre, il s'avère particulièrement utile s'il est utilisé avec de la sphaigne et des feuilles sèches dans les terrariums tropicaux nécessitant une humidité élevée.

Graviers d'aquarium. Particulièrement esthétiques, ils ne sont pas très économiques. S'ils ne sont pas trop petits, ils sont lavables et donc réutilisables. Toutefois leur dimension doit être telle qu'elle interdit l'ingestion pour éviter de dangereux blocages intestinaux. Ils peuvent être également abrasifs pour le plastron.

Sable. Esthétique et d'un coût modéré, ce matériau complique les opérations de nettoyage. En outre, si le sable est ingéré il risque de provoquer de la constipation.

Rafle de maïs. Bien qu'il soit très absorbant et facile à nettoyer ce matériau est déconseillé pour les tortues car s'il est ingéré il gonfle et peut donc provoquer des obstructions intestinales. En outre l'humidité favorise l'apparition de moisissures.

Copeaux de papier recyclé. Faciles à nettoyer, ils ne favorisent pas le développement des bactéries et des moisissures et sont très absorbants ; par contre ils peuvent être facilement ingérés.

▲ *On peut utiliser des écorces, du terreau et de la sphaigne dans les cas où il est nécessaire de maintenir une humidité élevée*

▲ *Un fond en rafle de maïs peut provoquer de graves risques d'ingestion et de constipation*

LES ACCESSOIRES

Les éléments tels que les branches, les rochers et les fausses plantes ou de véritables végétaux servent à rendre le terrarium plus agréable à l'œil et doivent être installés de manière à ne pas tomber et écraser les tortues.
Les plantes véritables aident à augmenter le niveau d'humidité, ce qui est particulièrement utile pour les espèces tropicales : il est conseillé de les laisser dans leur pot et de créer autour de la base une petite barrière de rochers de sorte qu'elles ne soient pas abîmées par les animaux. Les végétaux artificiels donnent également d'excellents résultats esthétiques. En effet, non seulement ils contribuent à créer un milieu à l'aspect « naturel » mais ils permettent aussi de créer des barrières visuelles et des cachettes (les rochers par exemple).

L'EMPLACEMENT

Le terrarium doit être placé dans un endroit tranquille de la maison. Les va-et-vient d'êtres humains ou d'animaux tels que des chiens ou des chats risquent d'effrayer les tortues. En outre, il est important de ne pas placer le terrarium face à une fenêtre car les rayons solaires peuvent rapidement chauffer le terrarium, provoquant la mort de ses occupants.

L'HYGIÈNE

Pour garder les animaux en bonne santé, il est indispensable d'assurer une hygiène scrupuleuse du terrarium. Le substrat doit être changé, au moins partiellement, tous les jours (les tortues font beaucoup plus de saletés que les autres reptiles) et le récipient contenant l'eau doit rester propre.
En outre, tous les éléments présents dans le terrarium doivent être périodiquement nettoyés et désinfectés ou remplacés. On peut utiliser comme désinfectant de l'eau de Javel diluée qui est à la fois efficace et économique puis rincer abondamment avec de l'eau claire. Il faut absolument éviter les désinfectants à base de phénol qui sont toxiques pour les reptiles.

LES CACHETTES

Elles sont indispensables pour le bien-être psychologique des tortues qui, pour se sentir à l'aise, doivent avoir à leur disposition un lieu où se réfugier. L'idéal est de placer dans le terrarium deux cachettes : l'une près de l'endroit le plus chaud et l'autre à proximité du plus froid de sorte que le reptile puisse assurer sa thermorégulation, même en restant caché. On peut utiliser également différents objets, par exemple une boîte en carton, une caissette en bois, de l'écorce ou, pour des spécimens de plus petite taille, un morceau de liège ou une tuile renversée.

LA LÉTHARGIE

Les tortues terrestres dépendent de la chaleur du soleil pour maintenir une température corporelle normale. Dans les climats tempérés, pendant la saison hivernale, le soleil ne peut pas leur fournir assez de chaleur pour que les activités normales de l'organisme puissent être assurées et, dans ces conditions, les reptiles rentrent en léthargie ou hivernation, c'est-à-dire une sorte d'état de vie latente. Pendant la léthargie, leur température corporelle diminue significativement et tous les processus physiologiques subissent une altération : la fréquence cardiaque et le rythme respiratoire diminuent nettement, le système digestif ne fonctionne plus et le système immunitaire n'est plus très efficace.

Chez les tortues vivant sous nos climats, l'hivernation est induite par une baisse de la température diurne et une diminution du nombre d'heures de lumière. Le comportement naturel face à ces stimuli consiste à diminuer l'activité et surtout à suspendre l'alimentation pour vider l'intestin afin de préparer le sommeil hivernal.

Les tortues qui hivernent sont les *Testudo hermanni*, *Testudo marginata*, *Testudo graeca* et *Terrapene* spp. Un grand nombre de tortues d'Afrique du nord (population de *Testudo*

▼ *La tortue du haut s'est inclinée pour pouvoir profiter au maximum des derniers rayons de soleil de l'automne. Dans quelques jours, elle entrera en léthargie*

L'IMPORTANCE DE LA LÉTHARGIE

La léthargie a une action bénéfique sur la santé et le métabolisme des tortues et elle est particulièrement importante pour la reproduction, car elle stimule et synchronise le cycle de reproduction.

graeca et de *Furculachelys* spp.) proviennent d'endroits où la température hivernale reste douce. Par conséquent, elles ne connaissent pas d'hivernation mais entrent en « estivation » (une période d'inactivité qui leur permet d'échapper aux températures trop élevées, qu'elles passent dans des trous creusés dans le sol) : pour ces animaux, une léthargie hivernale peut être mortelle et doit donc être évitée.

LA PRÉPARATION

Seuls les animaux en condition physique optimale et disposant de réserves de graisse suffisantes, accumulées pendant la saison chaude, doivent pouvoir hiverner. Les tortues malades, affaiblies ou pas assez lourdes ne doivent pas entrer en léthargie mais être gardées au chaud tout l'hiver dans un terrarium bien aménagé, afin de pouvoir être alimentées et/ou soignées.

Environ deux mois avant la léthargie, il est conseillé de faire procéder à un examen des fèces et, si nécessaire, de soumettre la tortue à un traitement antiparasitaire.

L'absorption d'aliments doit cesser trois ou quatre semaines avant la léthargie pour les animaux de taille moyenne, plus tard pour les animaux les plus petits. Aucun reptile ne doit pouvoir hiverner s'il a mangé récemment : la nourriture contenue dans le tube digestif n'est pas assimilée pendant la léthargie et risque de pourrir, provoquant l'absorption de toxines, voire une septicémie mortelle. En outre, les résidus se trouvant dans la bouche, entrant en putréfaction, peuvent provoquer une stomatite grave, infection qui risque ensuite de contaminer l'oreille moyenne. En revanche, il faut laisser de l'eau en grande quantité à la disposition des animaux qui se préparent à l'hivernation.

Pour vous assurer que la croissance et l'accumulation de réserves de graisse sont à un niveau suffisant, il peut être utile de mesurer

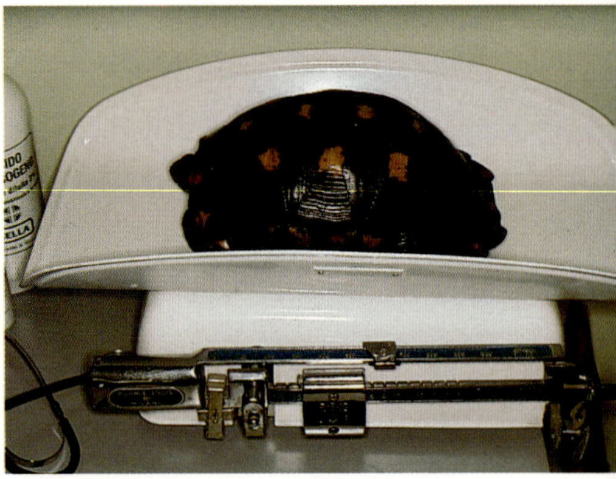

▲ *Avant et après l'hivernation, il faut nécessairement peser la tortue avec une balance précise et enregistrer son poids*

régulièrement le poids et la longueur de la tortue. Par ailleurs, avant le début de la léthargie, nous vous conseillons de vérifier soigneusement l'état de santé du reptile en effectuant les contrôles dont nous vous avons parlé à propos de l'acquisition. Si une tortue entre en léthargie sans avoir un poids approprié ou si elle présente des symptômes de maladie, il est probable qu'elle ne survivra pas à l'hiver.

En résumé, il ne faut laisser une tortue entrer en léthargie que si :

– elle a subi une période de jeûne suffisant pour vider son appareil digestif ;
– son poids corporel est optimal ;
– elle est en parfait état de santé.

On peut laisser les tortues hiverner en plein air ou bien à l'intérieur. Ces deux systèmes présentent à la fois des avantages et des inconvénients, mais si vous vous organisez bien, le second choix est sûrement le meilleur car c'est le plus sûr pour l'animal.

LES CONDITIONS IDÉALES

La **température** de l'environnement à laquelle le reptile est exposé pendant sa léthargie revêt une importance fondamentale pour le succès de l'hivernation et elle doit être d'environ 5 °C. En effet, à cette température, la tortue s'endort profondément, la consommation de ses réserves corporelles est minimale et le reptile ne risque pas de geler. Les températures inférieures à 2 °C sont potentiellement dangereuses et en dessous de 0 °C on peut enregistrer des lésions oculaires ou cérébrales avec des dommages irréversibles, même en cas d'exposition brève, car les

tissus gèlent. On rencontre généralement ce type de problème chez des animaux qui ont hiverné en plein air, sans protection adéquate.
En revanche, au-dessus de 11 °C, les animaux ont tendance à devenir actifs. L'une des erreurs les plus fréquemment commises avec des tortues en hivernation est de les laisser à une température intermédiaire entre la température optimale (18-25 °C) et la température de léthargie (5 °C) : dans ces conditions, le métabolisme est maintenu, même s'il fonctionne à un rythme plus lent, et l'animal, ne se nourrissant pas, consomme très rapidement ses réserves énergétiques. Il utilise d'abord ses réserves de graisse, puis une fois celles-ci utilisées, il s'attaque à la masse musculaire et aux organes internes, finissant par mourir d'inanition ou bien par se réveiller dans un état d'épuisement grave. Pour contrôler la température on peut utiliser des thermomètres de serre classiques, de préférence avec l'indication de la température maximum et minimum.
Dans la nature, la **durée** de l'hivernation dépend du climat et de la latitude. Pour des animaux élevés en captivité, il faut également tenir compte de la taille, de l'âge, des réserves de graisse et de l'état de santé général. Si l'animal n'est pas en bon état de santé, il peut sans aucun problème ne pas entrer en léthargie pendant un an et, en cas de besoin, il est possible de raccourcir artificiellement cette période d'hivernation. Pour les animaux très jeunes (ou dans un état de santé précaire) une période d'hivernation courte est certainement plus sûre.
La durée globale de la léthargie ne doit pas dépasser vingt semaines, ce qui, sous nos climats ne présente généralement pas de problème.
À chaque mois d'hivernation, une tortue perd en général 1 % de son poids corporel. Donc, si au début de la léthargie une tortue pèse 1 500 grammes, au bout de quatre mois elle devrait avoir perdu 60 grammes (15 × 4) et ne peser à la fin de la léthargie que 1 440 grammes.
Au cours de la phase d'hivernation à l'intérieur, les tortues doivent être fréquemment **contrôlées** : cela n'est pas nuisible pour l'animal et permet de déceler à temps d'éventuels problèmes (dans ce cas, il faut interrompre la léthargie et faire en sorte que l'animal sorte de son état d'hivernation au chaud). Certains conseillent d'interrompre la léthargie si l'on remarque que l'animal a uriné, car l'urine conservée dans la vessie constitue une réserve d'eau qui, si elle disparaît, peut exposer l'animal au risque de déshydratation. Selon certains auteurs il est opportun de réveiller les tortues toutes les deux ou quatre semaines selon la taille (plus fréquemment pour les plus petites), de les réchauffer et de les laisser dans de l'eau tiède à 24 °C de manière à leur permettre de boire. Vous éviterez ainsi les problèmes liés à la déshydratation. Pendant le bain, il faut examiner l'animal qui devrait ouvrir les yeux au bout de deux heures environ. Si la tortue semble en bonne santé, séchez-la et remettez-la à hiverner ; en revanche, si vous remarquez des signes de maladies ou des problèmes, interrompez l'hivernation et gardez le reptile au chaud dans un terrarium bien aménagé.

LA LÉTHARGIE À L'INTÉRIEUR

Pour faire hiverner des tortues dans des conditions artificielles, la meilleure méthode consiste à utiliser deux récipients encastrés l'un dans l'autre (celui se trouvant à l'intérieur doit avoir des dimensions légèrement supérieures à celles de la tortue). Le conte-

LES CONTENEURS POUR LÉTHARGIE À L'INTÉRIEUR

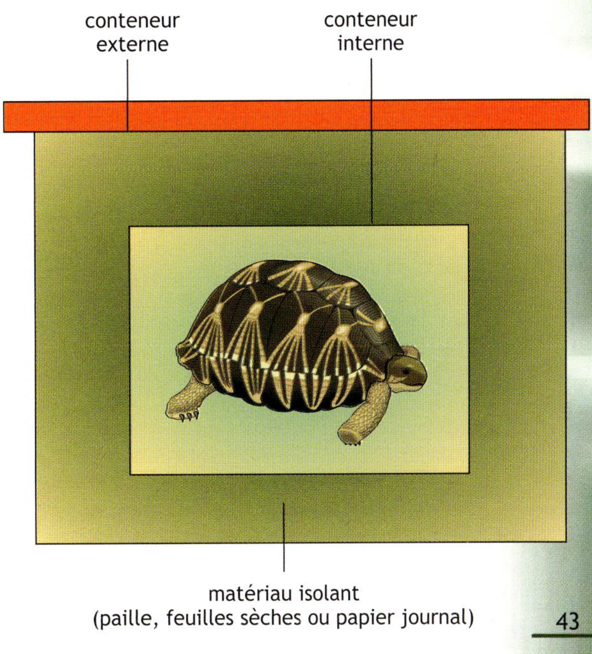

neur le plus petit peut être une boîte en carton ou en polystyrène avec des petites ouvertures pour le passage de l'air. Il doit être rempli de matériau isolant (par exemple de la paille, des feuilles sèches ou du papier journal) et être placé dans un conteneur plus grand. L'espace entre les deux doit être rempli de matériau isolant. De la sorte, même si la tortue bouge, elle restera protégée et ne pourra se rapprocher des parois extérieures qui risquent d'être trop froides.
La pièce où l'on place les deux conteneurs (une cave ou un garage) doit avoir une température constante pendant toute la période hivernale : elle ne doit pas être supérieure à 10 °C et jamais inférieure à 0 °C.
Pour assurer aux tortues une température constante, il est possible de les faire hiverner dans un réfrigérateur en veillant à ce qu'il y ait suffisamment de changement d'air pour éviter les carences en oxygène. Cette méthode convient particulièrement aux jeunes tortues dans leur première année de vie.

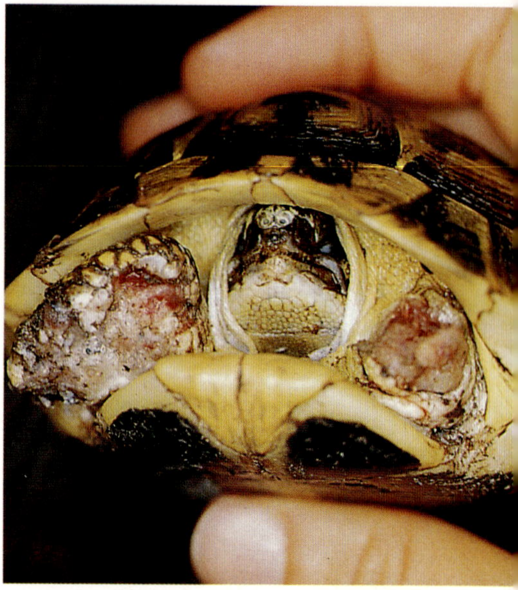

▲ *Lésions graves provoquées par l'attaque de rongeurs. Toutefois, grâce à des soins appropriés, cette tortue a réussi à guérir*

LA LÉTHARGIE EN PLEIN AIR

Lorsqu'elles sont élevées en plein air, les tortues méditerranéennes réduisent progressivement leur absorption de nourriture au fur et à mesure que l'automne s'approche, jusqu'à cesser complètement de s'alimenter quelques semaines avant d'entrer en hivernation. Au moment opportun, ces reptiles auront donc l'appareil digestif complètement vide, ce qui est une condition idéale pour affronter le sommeil hivernal.
Lorsque les conditions climatiques atteignent un point critique, les tortues commencent à creuser le sol et s'enterrent (comportement tout à fait « sensé » étant donné que même avec des températures extérieures particulièrement froides, le sol n'est gelé qu'en surface sur quelques centimètres). En fait, si cette méthode présente un risque c'est plutôt celui d'une attaque de prédateurs, rats et souris, en particulier. On peut craindre également que l'endroit où se trouve la tortue ne soit inondé en cas de précipitations très importantes. Un autre inconvénient peut être une température hivernale excessivement douce qui amènerait la température du reptile au-dessus de 10 °C. Dans ce cas, le métabolisme serait accéléré et cela pourrait provoquer une consommation excessive des réserves corporelles. Il est évident qu'il est beaucoup plus difficile, si ce n'est impossible, de surveiller une tortue qui s'enterre en plein air. Un bon compromis entre ces deux systèmes, c'est-à-dire la léthargie naturelle et l'hivernation à l'intérieur, consiste à laisser les tortues entrer spontanément en léthargie dans un refuge approprié construit en plein air avec un matériau résistant aux agents atmosphériques et ayant de bonnes capacités d'isolation (par exemple du contreplaqué marin) ; grâce à la présence d'un toit ouvrant, il sera plus facile d'inspecter les animaux, mais les entrées et les dispositifs d'aération devront être bien fermés et protégés par de robustes grillages métalliques pour empêcher l'accès des rongeurs. L'intérieur du refuge devra être rembourré de terreau et d'une épaisse couche de feuilles sèches où les animaux s'enterreront, se protégeant ainsi du gel hivernal. Si, pendant la léthargie, à la suite d'une journée particulièrement douce, la tortue se réveille et sort, il ne faut absolument pas l'alimenter. Avec le retour du froid, en effet, la nourriture pourrait ne pas être digérée et cela pourrait occasionner de graves problèmes à l'animal. En revanche, il peut être très utile de lui donner un bain pour lui permettre de boire.

La léthargie des tortues boîtes américaines (*Terrapene* spp.)

Dans la nature, même les tortues du genre *Terrapene* entrent en léthargie pendant la période hivernale. Ce que nous avons dit pour la léthargie des tortues méditerranéennes s'applique également à ces reptiles, à la seule différence, substantielle, que les *Terrapene* ont besoin d'une humidité plus élevée que l'on obtiendra en utilisant un mélange de feuilles, de terreau et d'écorces humidifiées comme substrat. Roger Klingenberg, vétérinaire spécialiste en herpétologie, suggère de contrôler la tortue toutes les deux ou trois semaines en vérifiant que le substrat est suffisamment humide et en la laissant tremper pendant une ou deux heures pour lui permettre de boire, puis de la remettre en place. La période maximum de léthargie doit être de trois à quatre mois.

▲ *Grâce à ce type d'abri en matériau isolant, la tortue pourra hiverner en plein air mais il vous sera plus facile de la surveiller*

▼ *À l'intérieur, un substrat de feuilles sèches et de terreau constitue un excellent matériau isolant*

La léthargie des tortues venant de naître

Pour les petites tortues, il est tout à fait naturel d'entrer en léthargie quelques semaines après la naissance et si elles sont en bonne santé, il n'y a aucune raison de ne pas reproduire ce phénomène en captivité. Étant donné leur petite taille et leur fragilité, un certain nombre de précautions s'imposent toutefois. Les conditions environnementales de la léthargie doivent être contrôlées plus scrupuleusement encore et la durée peut être réduite à six ou huit semaines. Pour éviter des écarts de température, vous pourrez utiliser un grand conteneur rempli de terre où les petites tortues se réfugieront et qui les protégera contre d'éventuels écarts brutaux de température.
La première année il est possible d'éviter la léthargie, mais l'hiver suivant, il est préférable que les animaux retrouvent un rythme de vie plus physiologique.

▼ *La léthargie est un processus physiologique normal même pour les tortues venant de naître*

LE RÉVEIL

Si la phase de léthargie s'est déroulée en plein air, la tortue perçoit au printemps l'augmentation de la température. Au-delà de 10 °C son métabolisme commencera ainsi à se réactiver et l'animal sortira en plein air. Dans la nature, l'écart de températures entre le refuge souterrain et la surface réchauffée par le soleil est brusque et c'est ce qui doit se passer lorsque l'on met fin à la période de léthargie. Il est donc inutile si ce n'est nuisible de procéder à un réchauffement progressif : lorsque la période de léthargie est terminée, on retire la tortue de son conteneur et on la réchauffe au soleil ou à proximité d'une source de chaleur. Pendant son hivernation, la tortue a vécu en utilisant ses réserves corporelles mais du fait du ralentissement extrême de son métabolisme, la perte de poids doit être assez limitée et ne pas dépasser 10 %. Il s'avérera par conséquent utile d'avoir enregistré le poids du reptile avant la léthargie pour le comparer à celui du réveil de manière à vérifier qu'il n'y a pas eu de problèmes à cet égard. Il faut ensuite examiner l'animal tout comme on l'avait fait avant la léthargie. Au moment du réveil, la tortue ressent le besoin de boire pour se réhydrater et expulser les toxines accumulées par le système rénal. Il faudra donc les placer dans un conteneur d'eau tiède, en veillant à ce que le niveau d'eau dépasse à peine celui du plastron pour éviter les risques de noyade. En deux heures environ, la tortue devrait boire et uriner et on pourra ensuite la retirer de l'eau. La plupart des animaux recommencent à manger une semaine après leur réveil ; au début, ils semblent préférer des aliments juteux (fruits, tomates) mais au bout de quelques

▲ *Si tout s'est bien passé, la tortue recommence à manger quelques jours après son réveil*

PROBLÈMES POST-HIVERNATION

À la fin de la léthargie, si les conditions environnementales n'ont pas été optimales, on risque de constater un certain nombre de pathologies :
- lésions oculaires et au système nerveux provoquées par des températures trop basses ;
- stomatite nécrotique (infection de la bouche) ;
- rhinite (infection respiratoire) ;
- lésions provoquées par l'attaque de rongeurs ou d'insectes ;
- carences en vitamine A.

jours, il faudra leur donner une nourriture plus équilibrée. Si la tortue ne reprend pas son alimentation, consultez un vétérinaire compétent : en effet, ce que l'on appelle l'anorexie post-hivernation risque de devenir grave si l'on ne prend pas rapidement des mesures pour y faire face.

POUR ÉVITER LA LÉTHARGIE

Si, pour une raison quelconque, vous décidez d'empêcher la léthargie, vous devrez fournir aux tortues un environnement optimal pour l'hiver, afin qu'elles restent actives pendant toute cette période. Il faudra donc aménager un terrarium chauffé et éclairé artificiellement de l'automne jusqu'au printemps suivant.

L'ALIMENTATION

Une alimentation correcte revêt une importance fondamentale pour la santé des tortues et certaines des pathologies les plus courantes observées chez les reptiles de compagnie sont provoquées par l'administration d'une nourriture non appropriée. Les tortues sont d'ailleurs particulièrement sensibles aux déséquilibres alimentaires, surtout pour ce qui concerne le calcium et les protéines. En outre, les erreurs alimentaires représentent la principale cause de mort des tortues dans leur première année de vie.

Les informations scientifiques sur les besoins nutritionnels des reptiles évoluent en permanence. Des études récentes ont permis d'optimiser le régime alimentaire des différentes espèces et ont prouvé que les principes sur lesquels était fondée l'alimentation des chéloniens étaient parfois totalement erronés. Malheureusement, dans de nombreux textes, parfois récents, on continue à donner des informations fausses ou totalement dépassées, ce qui peut avoir des conséquences désastreuses pour la santé de ces animaux délicats.

Du point de vue alimentaire, les tortues terrestres se divisent en deux grands groupes : les végétariennes et les omnivores. Le pre-

▼ *Le repas d'une* Geochelone pardalis *: l'alimentation revêt une importance fondamentale pour la santé de ces animaux*

LES PRÉFÉRENCES ALIMENTAIRES DES TORTUES

Un grand nombre de propriétaires de tortues pensent que leurs animaux savent instinctivement ce qui est bon pour eux, même s'ils vivent en permanence en dehors de leur milieu naturel et s'ils sont confrontés à des aliments totalement inconnus.
En réalité, permettre aux reptiles de choisir leurs aliments préférés et de se nourrir en conséquence constitue une grave erreur. En fait, les tortues développent rapidement des préférences pour des aliments tout à fait inappropriés ou incomplets du point de vue nutritionnel, ce qui est très nocif pour elles.

mier groupe, le plus nombreux, est composé d'animaux se nourrissant exclusivement de végétaux (plantes, herbes et fruits), tandis que dans le deuxième se trouvent les animaux qui mangent à la fois des végétaux et des aliments d'origine animale (insectes, invertébrés et charognes) dans des proportions variables selon les espèces. Aucune tortue terrestre n'est exclusivement carnivore.
L'alimentation idéale doit être le plus possible semblable à celle que la tortue adopterait dans la nature et doit donc exclure tout aliment artificiel.

LES TORTUES VÉGÉTARIENNES

L'alimentation des tortues végétariennes doit être composée exclusivement d'aliments d'origine végétale, choisis parmi les plus riches en fibres, en vitamines et en calcium, avec peu de graisse et peu de protéines. Le meilleur système pour les alimenter consiste à les laisser libres pour qu'elles se nourrissent d'herbes des champs, mais cela n'est bien entendu possible que si l'on dispose d'un terrain suffisamment vaste. Dans le cas contraire, il faudra compléter cette alimentation ou les nourrir complètement.
Dans ce cas, la nourriture doit être composée au moins à 90 % d'herbes des champs et de végétaux à feuilles tels que les pissenlits, les brassicacées ou crucifères (chou, choux de Bruxelles, chou-fleur), le trèfle, le colza, la salade romaine, la laitue, la chicorée, le persil, les fanes de carotte et les cardes. On peut également leur donner des fleurs (roses, géraniums, capucines ou hibiscus). Les fruits et les légumes (melon, tomates, mangues, ananas, choux-fleurs, pommes, poires, poivrons rouges et verts, courgettes, pastèque, etc.) peuvent représenter au maximum 10 % de leur alimentation. Les légumes doivent être les plus variés possible et, chaque jour, il faudra utiliser différents types de végétaux. On préférera pour leur teneur élevée en calcium les pissenlits, le trèfle, les figues, les fruits et les feuilles du figuier de Barbarie.
Tous les ingrédients doivent être réduits en morceaux proportionnés à la dimension de la bouche de la tortue, mélangés avec soin et saupoudrés d'un complément minéral et vitaminique de qualité contenant une quantité appropriée de calcium et de vitamine D_3.
De nombreuses études prouvent que cette alimentation assure un apport convenable en protéines, en fibres, et en oligo-éléments et que cela vaut également pour les nouveau-nés et les femelles en phase de reproduction ainsi que pour les espèces de grande taille et à croissance rapide, telles que les *Geochelone pardalis* et les *Geochelone sulcata*. En revanche, certaines tortues, comme les *Geochelone carbonaria* ont besoin d'une proportion plus importante de fruits (leur alimentation est décrite dans des fiches consacrées à cette espèce à la fin de cet ouvrage).
Les jeunes tortues terrestres, si elles sont alimentées d'une manière excessive, d'un point de vue quantitatif ou qualitatif, peuvent avoir un rythme de croissance exceptionnel et, en un an, elles peuvent devenir de trois à cinq fois plus grandes que les tortues ayant eu un développement naturel. Malheureusement, une croissance aussi rapide n'est pas bénéfique pour les animaux car elle provoque de graves problèmes métaboliques et menace leur survie à long terme. L'un des problèmes les plus évidents provoqué par une alimentation incorrecte est la déformation de la carapace, et, en particulier, des écailles, qui peuvent prendre une forme pyramidale (voir paragraphe sur la maladie osseuse métabolique, page 70). Ce phénomène peut être provoqué par un excès de protéines alimentaires, par une alimentation excessive ou par un dé-

▲ *Des fèces normales de tortues terrestres : si l'alimentation est riche en fibres, les fèces sont bien formées*

▲ *Une alimentation inadaptée provoque un développement anormal de la carapace*

séquilibre du rapport entre le calcium, le phosphore et la vitamine D. On évitera absolument toutes les protéines animales (viande, aliment pour chiens ou chats, etc.), les haricots, les petits pois, les avocats, les bananes, le pain, les pâtes et les laitages et fromages.

LES TORTUES OMNIVORES

Il faut laisser à la disposition des tortues omnivores une quantité d'aliments végétaux semblable à celle que l'on prévoit pour les tortues végétariennes, car ceux-ci représentent en général la partie la plus importante de la nourriture de ces reptiles. Il faudra leur offrir, en outre, des aliments d'origine animale par exemple, de la nourriture pour chiens d'excellente qualité et à faible teneur en graisse, des morceaux de viande, des lombrics, des vers de farine (*Tenebrio molitor* et *Zoophobas morios*), des limaces, des escargots et des grillons. Le pourcentage d'aliments animaux ingéré par les tortues omnivores est, en général, assez bas. Pour les *Terrapene carolina* adultes, par exemple, il ne doit pas dépasser 10 % du total, mais il est plus important pour les *Terrapene ornata* qui sont plus insectivores. En revanche, on offrira une fois par semaine seulement ce type d'aliments aux *Geochelone carbonaria*, aux *Geochelone denticulata* et aux *Kinixys* spp.

LES COMPLÉMENTS MINÉRAUX ET VITAMINIQUES

Il est très difficile d'alimenter les tortues en captivité avec une nourriture semblable à celle qu'elles trouveraient dans la nature. C'est la raison pour laquelle nous vous conseillons d'utiliser régulièrement un complément minéral et vitaminique de bonne qualité. Il n'est pas nécessaire de donner ces compléments aux animaux qui vivent en plein air et qui se nourrissent d'herbes, à condition qu'ils aient à leur disposition une surface appropriée où ils peuvent se nourrir d'une manière naturelle. La plupart des compléments alimentaires pour reptiles contiennent du calcium et du phosphore dans une proportion de 2 :1 au maximum, or ce rapport est insuffisant pour couvrir les éventuelles carences en calcium de l'alimentation. Dans ce cas, il est toujours opportun d'enrichir encore la nourriture en calcium, par exemple en utilisant un produit contenant uniquement du carbonate de calcium, en donnant à la tortue des os de seiche ou des coquilles d'œufs réduites en poudre

▼ *Un escargot est un véritable régal pour cette* Pixydea mouhotii

Attention aux abus

S'il est vrai qu'une certaine dose de vitamines et de sels minéraux fait du bien aux tortues, ne croyez pas que plus vous leur en donnerez mieux elles se porteront. En effet, un grand nombre de substances, par exemple la vitamine A, la vitamine D_3 et certains sels minéraux nuisent gravement à la santé s'ils sont administrés en quantité excessive. Il faut donc suivre systématiquement les indications données sur les emballages et faire preuve de bon sens pour éviter des intoxications par accumulation.

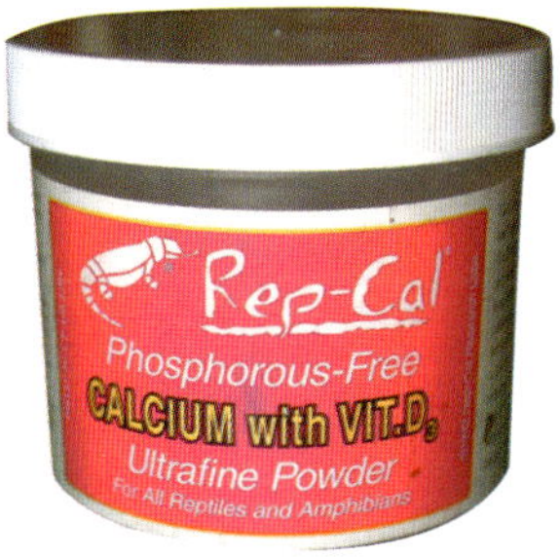

◄ *Pour assurer un complément en calcium correct, utilisez des produits sans phosphore comme celui représenté sur cette photo*

(l'os de seiche peut être donné entier ou en petits morceaux). N'utilisez pas de produits de complément en calcium contenant également du phosphore car ils sont inutiles dans notre cas.
Enfin, n'oubliez pas que la manière la plus efficace et la moins risquée de fournir de la vitamine D_3 est de la laisser se former d'une manière spontanée dans l'organisme de la tortue grâce à une exposition à la lumière solaire directe.

LES ALIMENTS TOUT PRÊTS

Aujourd'hui on trouve dans le commerce un grand nombre d'aliments tout prêts pour tortues. Pour les espèces végétariennes, préférez les aliments à faible teneur en graisse, composés de végétaux déshydratés et non de céréales et évitez soigneusement tous ceux qui contiennent des protéines animales. En revanche, pour les espèces omnivores, privilégiez les produits contenant également des aliments d'origine animale. Dans tous les cas, il est important de ne pas donner aux tortues végétariennes des aliments dont la formule a été prévue pour des tortues aquatiques ou omnivores.
Ces aliments tout prêts ne doivent de toute façon représenter qu'une partie de l'alimentation de la tortue.

L'EAU

L'eau est un élément indispensable pour les tortues, y compris pour celles qui sont originaires de milieux semi-arides. Une carence hydrique peut provoquer de graves problèmes de déshydratation, des pathologies rénales, des calculs et des crises de goutte. Même les espèces qui se nourrissent de végétaux frais doivent toujours avoir de l'eau à leur disposition. En général, les tortues préfèrent entrer dans l'eau de tout leur corps en aspirant ensuite le liquide par leurs narines qui, par l'intermédiaire du palais, sont en contact avec l'intérieur de la bouche. Pendant qu'elles boivent il leur arrive souvent d'uriner et de déféquer, il faut donc changer l'eau très régulièrement. Bien entendu, le récipient devra être suffisamment large pour permettre à la tortue d'y entrer tout entière, il doit être d'un accès facile et peu profond pour éviter tout risque de noyade.

▼ *La tortue ne doit jamais manquer d'eau. Cet animal boit en plongeant ses narines dans l'eau*

LES PRINCIPALES ERREURS EN MATIÈRE D'ALIMENTATION

Carences en fibres

Les fibres constituent une partie importante du régime alimentaire des tortues car elles stimulent le transit et permettent le développement d'une flore intestinale normale. Si les végétaux que vous donnez aux tortues n'en contiennent pas assez, les fèces seront excessivement molles et les reptiles souffriront de diarrhées. La source principale de fibres qui est également la plus naturelle est constituée par des herbes des champs que les tortues apprécient beaucoup.

Carences en calcium

Le calcium (Ca) est probablement l'élément qui provoque le plus de problèmes de carence chez les tortues en captivité, en particulier pour les spécimens en phase de croissance. Le problème principal consiste à en fournir une quantité suffisante et surtout à assurer un rapport correct entre calcium et phosphore (P). En effet, ces deux éléments s'influencent réciproquement et pour que l'organisme puisse absorber le calcium d'une manière appropriée, ils doivent être présents en proportion correcte. Si la quantité de phosphore est excessive une carence en calcium pourra se manifester. Dans leur milieu naturel, par exemple, les tortues méditerranéennes se nourrissent de végétaux contenant de quatre à six parties de calcium pour une partie de phosphore (rapport calcium-phosphore de 4-6 :1). Ainsi, alors que pour la plupart des mammifères un rapport calcium/phosphore de 2 :1 est conseillé, pour les tortues, il peut s'avérer nettement insuffisant. Si ce rapport s'inverse, c'est-à-dire si la quantité de calcium est inférieure à celle de phosphore, de graves problèmes de croissance risquent d'intervenir car les os deviendront tendres et poreux et présenteront des déformations. La carence alimentaire en calcium est aggravée par les carences en vitamine D_3 (à cause de rayonnements ultraviolets insuffisants, qu'ils soient naturels ou artificiels) et par un apport excessif en protéines et en hydrates de carbone.

LE CALCIUM ET LE PHOSPHORE DANS L'ALIMENTATION DES TORTUES TERRESTRES

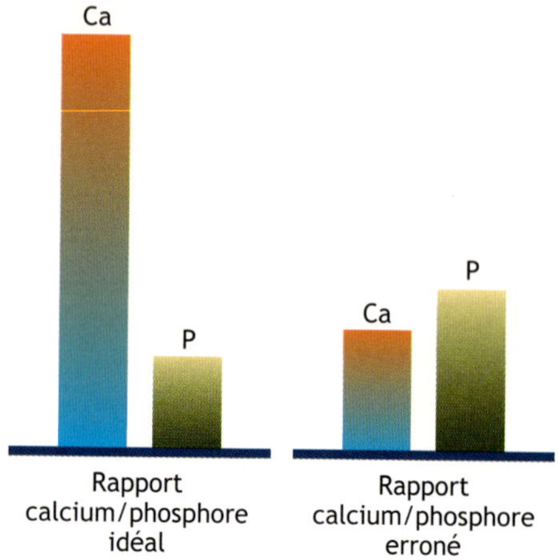

Excès de fruits et d'hydrates de carbone

Les hydrates de carbone (pain, pâtes, riz, biscuits, etc.) sont des aliments à éviter soigneusement. Les fruits, riches en hydrates de carbone, doivent être administrés avec parcimonie à un grand nombre d'espèces (par exemple les *Testudo* spp. et *Geochelone pardalis*). En effet, tous ces aliments peuvent provoquer des altérations du processus de digestion et de la flore intestinale, des diarrhées, des coliques. Ils favorisent probablement aussi la prolifération des parasites du système digestif (en particulier les flagellés, à cause de l'augmentation de la motilité intestinale). En outre, ces aliments étant très énergétiques, ils stimulent une croissance rapide, mais du fait de leur carence en calcium, ils provoquent également un développement aberrant de la carapace. Chez certaines espèces (par exemple les *Geochelone carbonaria* et *Geochelone denticulata*) en revanche, un pourcentage élevé de fruits dans l'alimentation est tout à fait recommandé.

Excès en aliments protéiques d'origine animale et végétale

L'idée selon laquelle l'administration d'aliments d'origine animale à des tortues végétariennes (surtout des *Testudo* spp.) leur est bénéfique est très répandue, mais elle est complètement fausse. En effet, à l'état naturel, ces animaux n'en consomment pas, si ce n'est d'une manière très épisodique. De même, une administration excessive de ce type aux tortues omnivores est très négative et un grand nombre de tortues terrestres ayant un régime alimentaire omnivore n'ont besoin d'aliments d'origine animale qu'une fois par semaine et souvent même moins.

Ce qui est particulièrement dommageable dans ces aliments, c'est la présence d'un niveau élevé de protéines que l'organisme des chéloniens n'est pas capable d'absorber. Un apport excessif en protéines provoque essentiellement deux types de dommages. Chez les animaux jeunes, il provoque un développement excessivement rapide, souvent accompagné de carences en calcium : en général, en effet, plus la teneur protéique d'un aliment est élevée, moins sa teneur en calcium est importante (par exemple le rapport calcium/phosphore de la viande est de 1 :40). Par conséquent on observera une déformation caractéristique de la dossière et toute la carapace aura un aspect écrasé et une consistance molle.

Le deuxième type de problème est dû au fait que les reins doivent absorber une quantité excessive de substances dérivées du métabolisme des protéines et, avec le temps, la tortue meurt d'insuffisance rénale ou de goutte. Il arrive que ces problèmes ne se manifestent qu'au bout de quelques années d'alimentation erronée, mais tôt ou tard, ils provoquent la mort de l'animal. En outre, un grand nombre d'aliments d'origine animale sont riches en graisses (par exemple les aliments pour chien ou chat ou certains fromages) et provoquent des problèmes d'obésité ainsi que des pathologies hépatiques (stéatose hépatique). Un excédent en protéines végétales peut provoquer le même type de problème. Il faut donc veiller à ne pas administrer de petits pois, de haricots, ni de tofu. En revanche, le trèfle a une teneur élevée en protéines mais celles-ci ne sont pas utilisables par l'organisme et ne provoquent, par conséquent, pas de problèmes.

Végétaux à offrir avec modération

Certains végétaux qui contiennent des tanins, de l'acide oxalique, des phytates ou des substances inhibant l'absorption de l'iode doivent être proposés en quantités modérées. Attention, donc, à la rhubarbe, aux brassicacées (choux, choux-fleurs, choux verts, brocolis), aux aubergines, aux feuilles de blettes, aux haricots et aux petits pois (il est préférable d'éliminer totalement ces deux derniers légumes de l'alimentation des tortues strictement végétarienne telles que les *Testudo*).

▼ *Les tortues végétariennes, comme cette* Testudo graeca, *peuvent avoir de graves problèmes de santé si on les nourrit avec des aliments d'origine animale*

LA REPRODUCTION

Nous l'avons dit, toutes les tortues sont ovipares (c'est-à-dire qu'elles pondent) et, comme tous les reptiles, ce sont des animaux à fécondation interne. À la différence de certaines espèces de sauriens et de serpents, aucune espèce de tortue n'est parthénogénétique (c'est-à-dire qui développe des œufs non fécondés) ni vivipare (c'est-à-dire dont l'embryon se développe dans l'utérus).

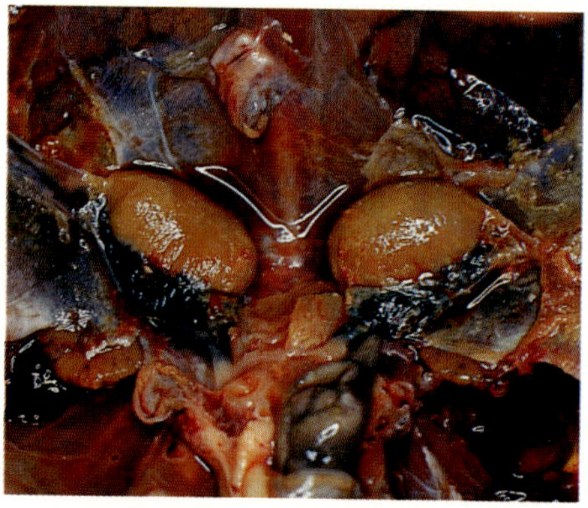

▲ *Les testicules*

LES ORGANES REPRODUCTEURS

Les organes reproducteurs de la **femelle** sont constitués de deux ovaires et de deux oviductes. Les ovaires, placés symétriquement en position ventrale par rapport aux reins ont la fonction de produire les ovules et certaines hormones. À l'avant de l'oviducte se trouve une ouverture placée à côté de l'ovaire qui sert à accueillir les ovules et s'ouvre à l'arrière dans le cloaque. C'est l'endroit où se forme l'albumen, les membranes de l'œuf et la coquille et où est emmagasiné le sperme. En outre, c'est là qu'a lieu la fécondation, c'est-à-dire l'union entre les spermatozoïdes et les ovules.

Le **mâle** est, lui, doté de testicules, deux organes ovoïdaux logés à l'intérieur de la carapace en position dorso-caudale, près des reins, qui ont la fonction de produire des gamètes et des hormones.

Le pénis est logé à la base de la queue (qui est souvent plus grande que chez les femelles pour cette raison) et présente une « gouttière » pour le transport du sperme. Le pénis des tor-

▼ *Utérus détendu avec l'ovaire contenant des follicules arrivés à maturité*

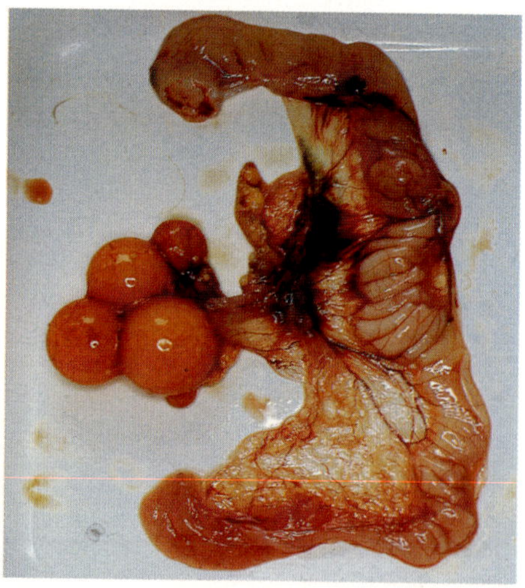

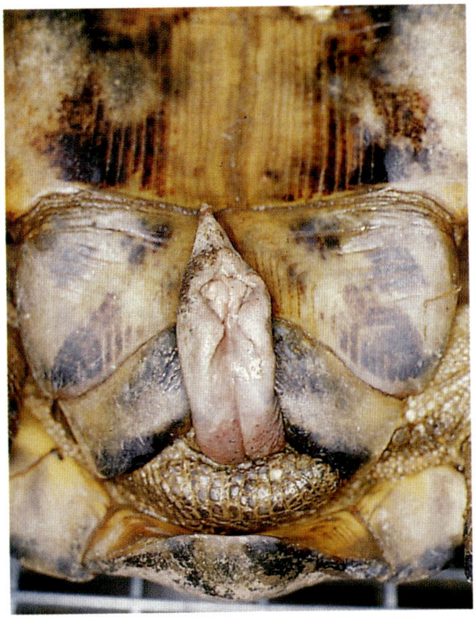

▲ *Le pénis d'une tortue terrestre replié vers l'extérieur*

tues contrairement à celui des mammifères a uniquement une fonction reproductrice et ne contient pas l'urètre. Pendant l'accouplement il est replié vers l'extérieur et introduit dans le cloaque de la femelle.

L'ŒUF

L'œuf des chéloniens peut avoir une forme sphérique ou allongée et il est blanc ou blanchâtre. Les dimensions varient selon les espèces et sont en général proportionnées à la taille de l'animal. C'est la tortue géante des Galápagos, la *Geochelone nigra*, qui pond le plus gros œuf sphérique (6 cm), tandis que l'œuf allongé le plus grand est pondu par la tortue du fleuve de Bornéo, l'*Orlitia borneensis* (7,5 cm). Le nombre d'œufs pondus varie aussi selon les espèces. En général, plus la tortue est grande, plus le nombre d'œufs pondus est important.
La tortue la plus prolifique est la *Chelonia mydas*, qui pond plus de cent œufs à la fois tandis que la *Malacochersus tornieri* pond un seul œuf, voire deux, exceptionnellement.
Les œufs des chéloniens, comme ceux de tous les reptiles, ne contiennent pas de chalaze (épaississement caractéristique de l'albumen) et les œufs ne doivent pas être tournés pendant l'incubation comme cela se passe pour les oiseaux. L'albumen des tortues est abondant, contrairement à celui des sauriens et des serpents. Il joue le rôle de réserve d'eau et a des fonctions antimicrobiennes, de nutrition et de support pour le jaune. En général, il est en partie liquide et en partie gélatineux.
Le **jaune** a une fonction purement nutritive et fournit à l'embryon les lipoprotéines, les vitamines et les oligo-éléments nécessaires. La **coquille**, dont la présence a permis aux reptiles de quitter le milieu aquatique de leurs ancêtres amphibiens et de coloniser des milieux parfois très arides, présente une structure semblable, non seulement dans tous les ordres de reptiles, mais également chez les oiseaux et les monotrèmes. Elle est composée de deux parties : une membrane fibreuse, interne, et une partie calcaire externe en aragonite (carbonate de calcium sous forme cristalline) qui peut être rigide ou de consistance parcheminée et flexible. La coquille n'est pas seulement une barrière de protection, c'est également une source importante de calcium pour l'embryon ; en outre, elle présente des pores microscopiques qui permettent les échanges gazeux et l'absorption de l'eau indispensables pour le développement de l'embryon.

L'ACCOUPLEMENT

La maturité sexuelle dépend plus de la taille que de l'âge des animaux. Alors que dans la nature les chéloniens atteignent en moyenne la maturité sexuelle entre cinq et sept ans, selon l'espèce, en captivité, les conditions favorables stimulant un développement corporel beaucoup plus rapide peuvent amener une maturité sexuelle trop précoce par exemple, à deux ans.
Pour la plupart des espèces, la reproduction est saisonnière (au printemps dans les régions tempérées et généralement pendant la saison humide, dans les zones tropicales) et l'activité reproductrice peut avoir

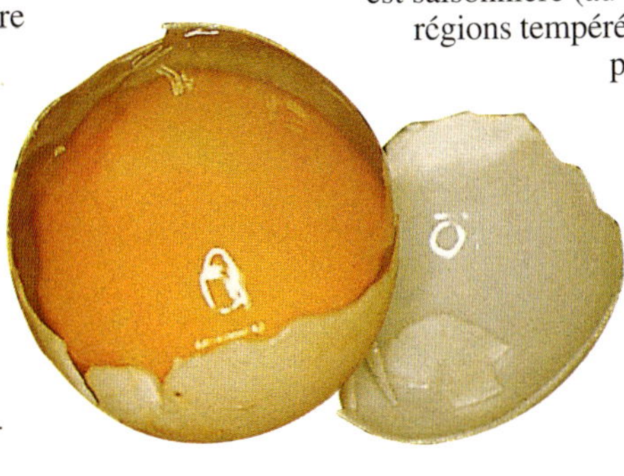

◄ *Œuf ouvert de* Testudo marginata

▲ *Il arrive que les mâles essaient de s'accoupler avec des tortues d'autres espèces*

lieu soit une fois soit plusieurs fois pendant l'année, non seulement en fonction de l'espèce mais également selon les conditions climatiques. L'accouplement est précédé par un rite nuptial plus ou moins élaboré au cours duquel le mâle peut s'avérer assez agressif à l'égard de la femelle, allant parfois jusqu'à lui occasionner de graves lésions (en outre, les mâles se battent souvent entre eux et s'éperonnent avec leur carapace, essayant de se renverser sur le dos). Lors d'un rite nuptial caractéristique, le mâle poursuit la femelle et l'éperonne avec sa carapace, il lui mord la tête et les membres et, enfin, après l'avoir immobilisée contre un obstacle, il la féconde. En général, pendant l'accouplement le mâle est sur la femelle : il introduit son pénis dans le cloaque de la femelle et y dépose le sperme.

Comment stimuler l'activité reproductive de tortues en captivité

En captivité, il faut recréer une sorte de « variation » saisonnière. Les espèces originaires de régions tempérées ont besoin d'une période d'hivernation suivie par une augmentation de la photopériode et de la température. En revanche, pour les espèces tropicales et subtropicales qui n'entrent pas en léthargie il est nécessaire de jouer sur la photopériode et la température. Parfois, dans le cas de sujets élevés ensemble, il peut s'avérer utile de séparer les mâles des femelles pendant quelques jours ou quelques semaines, puis de les remettre ensemble.

Pour la reproduction, il est préférable de sélectionner des tortues qui soient non seulement de la même espèce mais de la même sous-espèce. Deux raisons motivent cette exigence : d'une part, il serait absurde de créer des hybrides et d'autre part il est important, à des fins de conservation, de faire en sorte que les différentes populations restent bien distinctes. L'idéal est de choisir des sujets provenant du même emplacement géographique ou bien d'accoupler des tortues se ressemblant le plus possible de par leur aspect, leur couleur et les dessins de leur carapace.

Il faut éviter d'essayer de faire reproduire une femelle qui ne s'est pas accouplée pendant de nombreuses années, car, dans ce cas, les probabilités de dystocie (difficultés de ponte) sont plus élevées.

LA GESTATION ET LA PONTE

La durée de la gestation varie non seulement selon les espèces mais également en fonction des conditions environnementales et, en particulier, de la température. En général, les œufs sont pondus de quatre à huit semaines après l'accouplement. Presque toutes les espèces les déposent dans des trous creusés dans le sol et les recouvrent de terre ou bien les placent parmi des déchets végétaux. Avant de pondre, dans la nature, la femelle choisit avec beaucoup de soin un lieu approprié où elle creusera son nid, souvent en effectuant de nombreuses tentatives avant d'en trouver un qui la satisfasse. Il faut en effet que cet endroit soit à la bonne température et avec un degré d'humidité approprié. Il est également nécessaire que la structure du sol soit adéquate et que cet endroit se trouve à l'abri des pluies trop abondantes qui pourraient noyer les petits en phase de développement. En général, la femelle choisit un endroit ensoleillé sur une pente légère. Ensuite, elle creuse le nid avec des mouvements alternés des pattes arrière (il lui arrive parfois de rendre le sol plus meuble en l'arrosant avec son urine). Une fois qu'elle a atteint une profondeur suffisante elle commencera à pondre. Le processus peut durer plusieurs heures.

Une fois la ponte terminée, elle referme le trou avec les membres arrière et nivelle soigneusement le sol de sorte que le nid soit invisible pour d'éventuels prédateurs (en effet il est souvent impossible de localiser l'endroit de la ponte). Pendant toute la période de la ponte, la mère ne doit pas être dérangée car elle risquerait de s'interrompre et d'abandonner le nid avant d'avoir pondu.

En captivité, l'absence d'endroit approprié pour pondre peut provoquer des problèmes de rétention et être à l'origine de pathologies graves pour la mère. Après l'accouplement, la femelle a la possibilité d'emmagasiner le sperme pendant une période pouvant atteindre six ans, ce qui lui permet de pondre des œufs fertiles même si elle ne s'est pas accouplée depuis longtemps. Ce phénomène, appelé amphigonie retardée, est également constaté chez d'autres reptiles. Parfois, la mère, au lieu de pondre dans un nid bien construit, les abandonne sur le sol : l'on a constaté que, souvent, dans ce cas, ces œufs ne sont pas fertiles mais on ne sait pas comment la mère est capable de le déterminer.

▼ *Une* Testudo hermanni *pendant la ponte*

▼ *Quelques œufs dans un nid, avant qu'ils ne soient recouverts par la femelle*

Comment diagnostiquer une gestation

Du fait de la rigidité de la carapace qui limite les possibilités de palpation, il n'est guère facile de diagnostiquer une gestation par un examen externe. Parfois, il est possible de palper les œufs calcifiés à travers les fosses fémorales (c'est-à-dire l'espace se trouvant devant les membres arrière) en particulier si l'animal est en position verticale. Toutefois, la méthode la plus sûre consiste à effectuer une radiographie qui permet de voir clairement la coquille calcifiée. De la sorte, il est possible non seulement de compter le nombre d'œufs mais de vérifier s'ils sont normaux (forme, dimensions et niveau de calcification).
Parmi les symptômes pouvant indiquer une gestation, citons les comportements hyper-actifs et agressifs envers les autres femelles et une diminution ou une cessation d'absorption de nourriture. Souvent, si elle est gravide, la femelle commence à creuser des trous une ou deux semaines avant de pondre, en guise « d'entraînement », en quelque sorte.

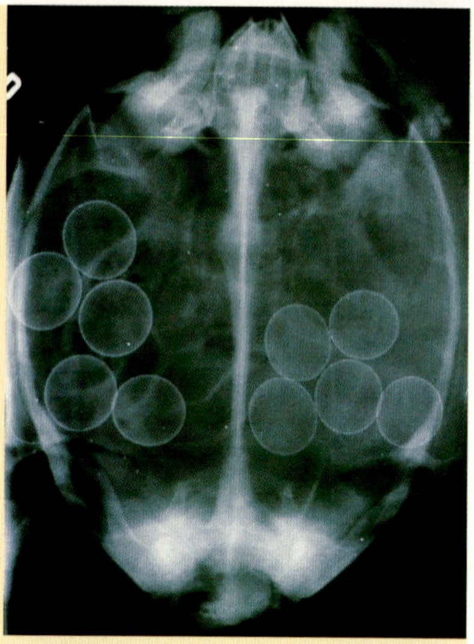

▲ *Radiographie d'une* Geochelone pardalis *gravide : les œufs sont bien visibles*

COMMENT DÉTERMINER SI UN ŒUF EST FERTILE

Pour déterminer si les œufs en incubation sont fertiles il est possible de les observer avec une source de lumière intense (par exemple une lampe torche), opération que l'on appelle « mirage » et qui est analogue à celle que l'on effectue pour les œufs de poule : placés à contre-jour, les œufs révèlent en effet le réseau de vaisseaux sanguins qui est en train de se former. Toutefois, cette méthode n'est pas toujours fiable et si l'interprétation est erronée, elle peut provoquer l'élimination d'œufs fertiles ; en outre, on risque d'abîmer l'œuf. Si l'œuf apparaît de toute évidence comme étant non fertile, il peut être écarté mais dans tous les autres cas, il est préférable d'attendre et de voir ce qui se passe.
Il est essentiel d'interpréter prudemment les changements de couleur : parfois, les œufs en phase de développement prennent d'étranges nuances ou deviennent foncés bien qu'ils soient fertiles. La présence de moisissures n'est pas nécessairement un signe d'infertilité étant donné que celles-ci peuvent se développer si l'humidité est excessive, même si l'embryon reste vivant. Toutefois, il est conseillé de placer les œufs atteints de moisissures dans un conteneur séparé, pour éviter que celles-ci ne s'étendent à d'autres œufs. Certains éleveurs obtiennent de bons résultats en saupoudrant les œufs attaqués par les moisissures avec une préparation antifongique en poudre.
Des petites fissures dans les œufs ne signifient pas nécessairement que le développement embryonnaire est entravé mais si un matériau malodorant s'échappe de la fissure, cela signifie que l'œuf peut être écarté.

L'INCUBATION

La durée de l'incubation varie en fonction de la température ambiante. Le développement de l'embryon n'est possible que dans une plage de températures donnée, variable selon les espèces, mais située, dans de nombreux cas aux environs de 30 °C (c'est-à-dire d'un minimum de 28 à un maximum de 32 °C). À l'intérieur de cette plage, plus la température est élevée, plus le développement de l'embryon est rapide et moins de temps il faudra pour que le petit naisse.
Toutefois, le laps de temps entre l'éclosion du premier et du dernier œuf d'une même cou-

vée, que ce soit dans des conditions naturelles ou en cas d'incubation artificielle, peut être extrêmement variable et aller d'une ou deux semaines à plusieurs mois. Tous les petits ne naissent pas en même temps et des semaines peuvent s'écouler entre la première éclosion à la dernière. Voici pourquoi il ne faut pas éliminer ou ouvrir des œufs qui tardent à éclore, sauf s'ils sont manifestement stériles. En outre, chez certaines espèces des régions tempérées les plus froides, le développement de l'embryon peut s'interrompre pendant l'hiver et reprendre au printemps.
En dessous d'une certaine température minimale, les œufs ne se développent pas alors que si la température est trop élevée on pourra constater la naissance de fœtus mal formés ou la mort de l'embryon.

L'incubation artificielle

Si les œufs pondus n'appartiennent pas à une espèce originaire de la zone climatique dans laquelle la tortue vit, il sera nécessaire des les incuber artificiellement en les retirant du nid le plus tôt possible. Avant la ponte, le développement de l'embryon est très faible, voire inexistant : contrairement à ce que l'on pense, tourner les œufs les jours suivant la ponte ne représente aucun risque pour le développement de l'embryon comme cela a été démontré d'une manière expérimentale.
Les œufs peuvent être disposés dans un petit conteneur en plastique, par exemple une boîte alimentaire remplie pour moitié d'un substrat approprié (de la vermiculite ou bien du terreau mélangé à du gravier fin) qui sera placé lui-même dans un incubateur. Il n'est pas nécessaire d'enterrer complètement les œufs mais il suffit de les recouvrir à moitié. Lorsque le moment de l'éclosion approche, recouvrez les conteneurs de gaze, cela empêchera les petits de se blesser en tombant tout en permettant une bonne ventilation. Étant donné qu'il est normal que les petits, après avoir pratiqué un trou dans la coquille restent dans l'œuf pendant plusieurs heures, il peut s'avérer très nocif d'essayer de favoriser leur sortie car ce faisant, vous pourriez provoquer une déchirure du sac vitellin et donc leur mort. Il faut en outre éviter de casser les œufs qui tardent apparemment à éclore car, comme nous l'avons dit, les délais d'éclosion peuvent être très variables.

▲ *Œuf en incubateur, dans un substrat de vermiculite*

L'incubateur

Les incubateurs pour reptiles sont, de loin, préférables à ceux prévus pour les oiseaux qui présentent l'inconvénient de créer un courant d'air excessif, risquant de provoquer la déshydratation des œufs.
Il est de toute façon possible de fabriquer soi-même, à peu de frais, un incubateur artisanal efficace. Il suffit de se procurer un conteneur isolant muni d'un couvercle et de disposer sur le fond un petit tapis ou un câble chauffant (40 ou 60 watts) au-dessus duquel, sans contact direct, vous placerez une grille qui accueillera les conteneurs à œufs. Pour garantir un niveau d'humidité suffisant, placez à l'intérieur un petit bac rempli d'eau et maintenez la vermiculite légèrement humide (l'utilisation d'un hygromètre permet de contrôler le degré d'humidité qui, dans la plupart des cas, doit se situer aux environs de 70 %). Pour assurer une bonne température d'incubation, élément fondamental pour le développement de l'embryon, utilisez un thermostat électronique d'excellente qualité. La sonde du thermomètre de contrôle doit être placée à proximité des œufs dans leur conteneur.
Pour les œufs des espèces semi-terrestres (par exemple la *Terrapene* spp. et la *Cuora* spp.), il est nécessaire d'obtenir des niveaux d'humidité très élevés (90 % ou plus) : il est par conséquent essentiel que l'incubateur soit constitué d'un matériau résistant à l'humidité. On peut utiliser pour ce faire un bac en verre pour aquarium ou pour terrarium.
Dans ce cas, placez au-dessus de la grille un conteneur en plastique muni d'un couvercle

et rempli d'un substrat humide (par exemple de la vermiculite mélangée à un volume égal d'eau) où vous disposerez les petits bacs contenant les œufs.
Le couvercle du conteneur doit rester fermé de manière à assurer un degré d'humidité élevé et il faut ajouter périodiquement de l'eau.
Pour aérer, ouvrez le couvercle une fois par jour pendant quelques instants.

L'INCUBATEUR

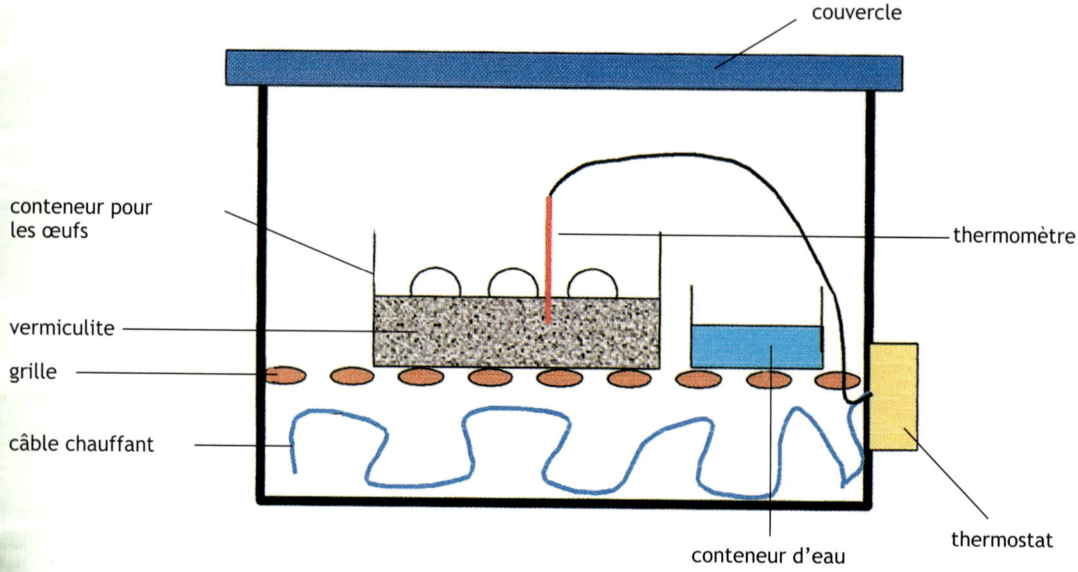

L'INCUBATEUR POUR LES ESPÈCES SEMI-TERRESTRES

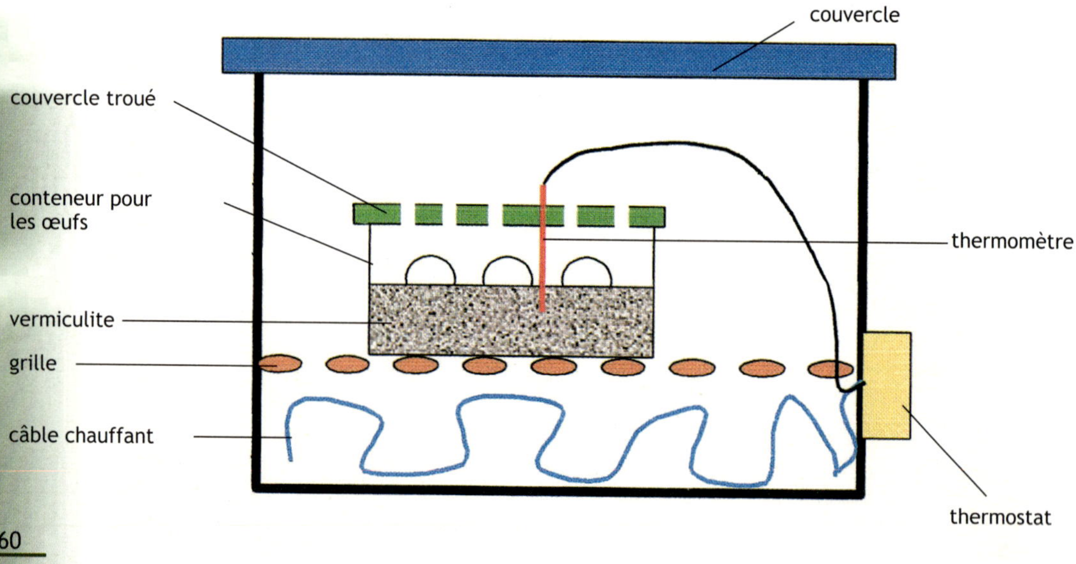

LA NAISSANCE

Au fur et à mesure que l'embryon se développe, la porosité de la coquille augmente à cause de l'absorption du calcium par l'embryon et sa structure s'affaiblit. La production d'anhydride carbonique (CO_2) augmente également. À un certain moment, le niveau de CO_2 est tel qu'il n'est plus diffusé à travers la coquille : l'embryon commence alors à bouger, amenant sa tête dans la bulle d'air présente à l'intérieur de l'œuf et il commence à respirer. Lorsque cette réserve d'air est épuisée, l'embryon recommence à bouger et casse la coquille en utilisant ce que l'on appelle la « dent de l'œuf », une structure rigide localisée à la pointe de la mâchoire qui disparaît après la naissance.

Après avoir ouvert l'œuf et créé un trou pour respirer, le petit reste à l'intérieur pendant plusieurs heures voire un ou deux jours, le temps d'absorber complètement le jaune.

La naissance suit les mêmes modalités, que ce soit dans la nature ou dans un milieu artificiel (incubateur).

▲ *Petit d'un jour près de l'œuf dont il est sorti*

▼ *Après avoir créé une ouverture pour respirer, les petits restent dans l'œuf plusieurs heures et il ne faut pas les aider à sortir*

Les chéloniens et leur rôle de parents

À la naissance, les petites tortues sont des copies miniatures des adultes, totalement indépendantes et autosuffisantes dès le premier jour. En outre, elles occupent le même milieu naturel et pour ce qui concerne les tortues terrestres, elles ont le même type d'alimentation que leurs parents.
Comme la plupart des reptiles, les tortues ne s'occupent pas de leurs petits si ce n'est lors de la préparation du nid. La seule exception est la *Manouria emys* qui surveille le nid pendant plusieurs jours (parfois des semaines) après la ponte et qui en arrive même à chasser d'éventuels prédateurs qui s'approchent du nid et qui le défend en se couchant dessus : c'est un comportement véritablement unique parmi les chéloniens.

S'OCCUPER DES NOUVEAU-NÉS

Nous l'avons dit, après avoir ouvert l'œuf, les petits restent à l'intérieur pendant quelques temps encore et pendant ce délai il ne faut absolument pas les déranger pour éviter qu'ils quittent trop tôt l'œuf avec le sac vitellin encore à l'extérieur. Si tel était le cas, il faudrait les laver délicatement sous un mince filet d'eau pour éliminer d'éventuelles traces et les placer dans un petit conteneur en plastique parfaitement propre et sans substrat jusqu'à ce que la réabsorption du sac vitellin soit terminée (il faut en général plusieurs heures). Pour empêcher que le sac vitellin se colle au fond du conteneur vous pourrez le badigeonner de vaseline stérile.
Après l'éclosion, les petites tortues doivent être placées dans quelques millimètres d'eau tiède pour qu'elles puissent boire et, le premier jour, on les placera dans une sorte de terrarium nursery. Andy C. Highfield, spécialiste en herpétologie très renommé, conseille, en outre, de laisser la coquille vide à leur disposition car elles s'en nourrissent volontiers se procurant ainsi le précieux calcium dont elles ont besoin pour grandir. Le terrarium doit être pourvu d'une lampe à UVB placée à 30 cm maximum des animaux et le chauffage doit être constitué par une source de lumière rayonnante placée en hauteur. Le substrat le plus indiqué est constitué de simples feuilles de journaux. Leurs besoins en matière d'humidité et de températures sont identiques à celles des spécimens adultes. Lorsque cela est possible, c'est-à-dire si les conditions environnementales le permettent, on laissera les jeunes tortues en plein air afin qu'elles puissent s'alimenter avec des plantes qui poussent spontanément et bénéficier du soleil. Les petits commencent à se nourrir en général deux ou trois jours après l'éclosion mais par-

Comment se détermine le sexe des tortues

Chez de nombreuses espèces de chéloniens, le sexe des nouveau-nés n'est pas dû à des facteurs génétiques mais environnementaux ; c'est la température d'incubation pendant le premier tiers du développement embryonnaire qui est déterminante.
Dans les limites de la plage de température permettant le développement de l'embryon, deux situations sont possibles. Dans le premier cas, si la température est au niveau inférieur, des mâles naîtront, si elle se situe au niveau le plus élevé, l'on aura des femelles, tandis qu'à des températures intermédiaires, des mâles et des femelles naîtront en proportions variables. Dans le second type de cas, aux températures maximales et minimales des femelles naîtront tandis qu'à des températures intermédiaires l'on aura des mâles. Il existe des données assez précises pour les *Testudo hermanni* : à 26-29 °C, seuls des mâles naissent, à 30-32 °C mâles et femelles naissent en proportions variables et à 32,5-33 °C seules naissent des femelles.

▲ *Le sable n'est pas un substrat approprié car il est trop abrasif pour les nouveau-nés*

▼ *À peine sortis de l'œuf, les petits doivent avoir la possibilité de boire et il faut donc les plonger dans une toute petite quantité d'eau tiède*

fois il faut quelques jours de plus. L'alimentation n'est pas différente de celle des parents mais, bien entendu, la nourriture doit être réduite en petits morceaux afin qu'elle puisse être ingérée sans difficultés. On peut commencer immédiatement à utiliser un complément minéral et vitaminique et à leur administrer un supplément de carbonate de calcium. D'éventuelles erreurs alimentaires pendant la première période de la vie des tortues peut avoir des conséquences graves sur leur croissance.

LA SANTÉ ET LES MALADIES

LES SYMPTÔMES DE MALADIE

Si vous constatez chez une tortue les symptômes énumérés ci-dessous, n'hésitez pas à prendre rapidement contact avec un vétérinaire :

- Torpeur, diminution de la quantité d'aliments ingérés, difficultés à marcher.
- Écoulement nasal, respiration bouche ouverte.
- Présence dans la bouche d'érosions, de matières caséeuses, d'hémorragies.
- Yeux fermés et enfoncés ; paupières gonflées, enflammées, avec ulcérations ou croûtes ; écoulements oculaires ; plaques blanchâtres sur la cornée.
- Membrane tympanique saillante.
- Carapace trop tendre ou déformée ; présence de fractures, d'ulcères, coloration anormale ou présence de liquide sous les écailles.
- Tuméfactions, blessures ou croûtes sur les membres.
- Blessures, ulcères et croûtes sur le cloaque ; présence de fèces ou d'urates ; prolapsus (descente) d'un organe par l'ouverture cloacale.

Ne tardez surtout pas à vous rendre chez le vétérinaire et n'essayez pas de soigner vous-même une tortue malade ni de lui administrer des médicaments sans consulter un spécialiste. Cette règle, qui vaut d'ailleurs pour tous les animaux, est encore plus importante pour ces reptiles dont le métabolisme et la physiologie sont si différents de ceux des mammifères qu'il faut des compétences vétérinaires spécifiques pour y faire face.

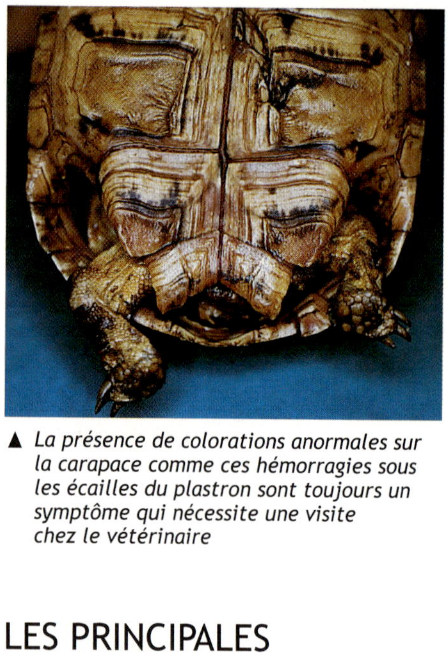

▲ *La présence de colorations anormales sur la carapace comme ces hémorragies sous les écailles du plastron sont toujours un symptôme qui nécessite une visite chez le vétérinaire*

LES PRINCIPALES PATHOLOGIES

Anorexie post-hivernation

La plupart des tortues en bonne santé commencent à s'alimenter un ou deux jours après leur réveil. Si le manque d'appétit persiste pendant plus d'une semaine malgré des conditions environnementales favorables, cela signifie que vous êtes en présence d'une anorexie post hivernation qui exige une thérapie appropriée car la gravité du problème s'accentue avec le

L'ALIMENTATION FORCÉE

À chaque fois qu'une tortue est en mauvaise santé et cesse de s'alimenter, il faut l'aider à boire et à se nourrir en utilisant une petite sonde que l'on fait glisser directement de la bouche dans l'estomac, pour administrer des liquides, des aliments et des médicaments. Demandez conseil à votre vétérinaire qui vous montrera comment procéder. Dans les cas difficiles, la sonde peut être insérée dans l'œsophage par l'intermédiaire d'une petite incision effectuée dans le cou. La sonde, suturée à la peau du cou est ensuite laissée en place pendant toute la durée du traitement, ce qui permet d'administrer des aliments et de l'eau à l'animal quasiment sans le déranger.

temps. Au bout de sept semaines, par exemple, il est impossible de sauver une tortue. Bien entendu, le diagnostic dépend également du problème sous-jacent à l'anorexie. Cette pathologie peut être provoquée par des maladies apparues pendant la léthargie (stomatite nécrotique, infections respiratoires, lésions provoquées par le froid au niveau oculaire ou cérébral). Elle peut aussi avoir son origine dans des maladies ou un état de malnutrition antérieurs à l'hivernation. Dans d'autres cas, elle peut être imputable à de mauvaises conditions environnementales pendant la période de léthargie, à une léthargie trop prolongée ou à des conditions défavorables au moment du réveil (une température trop basse par exemple). Pendant la visite, le vétérinaire essayera d'établir quelle est la cause de l'anorexie et pourra effectuer des examens de sang (en particulier pour contrôler le taux de glycémie et d'acide urique) de manière à déterminer l'état de santé du reptile. Le premier traitement consiste à réhydrater la tortue pour stimuler la miction d'urine en administrant des liquides par sonde gastrique. Dans les cas les plus graves, on peut recourir à l'administration de liquides par injection. En cas de complications, il faut également soigner les pathologies concomitantes, par exemple une stomatite ou une infection respiratoire. Ensuite, on commence à alimenter l'animal avec de la nourriture liquide administrée par sonde gastrique. Vous pourrez lui donner des aliments pour bébé aux fruits et aux légumes ou bien son alimentation normale sous forme liquide. Par la suite, si la réaction à la thérapie est positive on pourra administrer l'aliment avec une seringue directement dans la bouche puis essayer de placer directement la nourriture dans la bouche. L'objectif est d'arriver le plus possible à la prise spontanée d'aliments. Entre-temps, il est indispensable d'assurer à l'animal un environnement idéal pour ce qui est de la lumière, de la température et de l'humidité.

La guérison peut être longue et il faut donc vous préparer à aider votre tortue pendant un certain temps.

Abcès

Les abcès sont des concentrations de pus, localisées au niveau sous-cutané, articulaire ou auriculaire, qui apparaissent comme des nodules ou des tuméfactions sous la peau ou sur les membres. Les abcès auriculaires se présentent comme une tuméfaction du tympan sur les côtés de la tête (derrière les yeux).
Chez les reptiles, le pus est en général de consistance solide (semblable à du fromage) et doit donc faire l'objet d'une ablation comme s'il s'agissait d'un corps étranger, après incision de la peau sous anesthésie locale ou géné-

▼ *Abcès auriculaire chez une tortue boîte*

rale. Il faut également améliorer les conditions d'élevage surtout pour ce qui concerne la température, l'hygiène et l'alimentation. En effet, les abcès sont des pathologies souvent associées à une dépression du système immunitaire.

Constipation

Chez les tortues, les causes de constipation sont nombreuses :

• Erreurs d'élevage, par exemple des températures trop basses (qui provoquent des problèmes digestifs) et une humidité insuffisante (qui provoque une déshydratation).
• Carence en eau.
• Manque d'exercice.
• Ingestion de corps étrangers (substrat, sable, cailloux ou autres objets).
• Présence d'une grande quantité de parasites intestinaux.
• Maladie osseuse métabolique (MOM) provoquée par une carence en calcium, élément indispensable à l'activité des muscles lisses, ou bien due à une augmentation du volume des reins qui compriment le côlon.
• Présence de calculs au niveau du cloaque.
• Rarement, tumeurs ou granulomes qui peuvent empêcher le passage des fèces.

En cas de constipation, la tortue devient anorexique, l'émission de fèces cesse, l'on constate une dépression, des régurgitations, une parésie des membres arrière et, parfois, des diarrhées hémorragiques.
La constipation est de toute façon un symptôme et, avant d'appliquer une thérapie, il faut en identifier les causes. Des radiographies peuvent être utiles pour établir le diagnostic.
La thérapie consiste, outre une éventuelle modification des conditions environnementales, à réhydrater l'animal par voie orale et à lui administrer de l'huile de vaseline (par voie orale ou, en cas d'obstruction, dans la partie caudale de l'intestin, par le cloaque). Les bains dans de l'eau tiède sont également efficaces.
Dans certains cas, une fois l'occlusion intestinale exclue et si les mesures précédentes se sont avérées insuffisantes, on peut administrer des laxatifs. Dans les cas les plus graves, on peut recourir à la chirurgie.
En prévention, il est conseillé de faire en sorte que le reptile puisse faire assez de mouvements, ce qui a un effet positif sur la défécation. Pour éviter l'ingestion de corps étrangers, utilisez un matériau approprié comme substrat, par exemple des feuilles de journaux ou de la moquette. En outre, la nourriture doit être placée dans un petit bac approprié afin d'éviter que des particules de substrat ne puissent pas s'y mélanger.

Dystocie

La dystocie (c'est-à-dire la difficulté à pondre) est relativement rare chez les tortues qui vivent en plein air car l'une des causes de ce trouble est l'absence d'endroit approprié pour la ponte et le manque d'exercice physique (situation plus fréquente chez les reptiles vivant en terrarium).
Chez les tortues, le diagnostic de la gestation est difficile, du fait de la présence de la carapace. Un signe pouvant indiquer cet état est le fait que la tortue creuse le sol pour former un trou où pondre et, en palpant au niveau des fosses fémorales, il est parfois possible de sentir les œufs. Toutefois la seule méthode fiable pour identifier une gestation est un examen radiologique qui permet d'évaluer le nombre d'œufs, la présence d'éventuels œufs anormaux (de par leur forme, leurs dimensions ou de par leur niveau de calcification) ou toute autre cause de dystocie (par exemple des calculs vésicaux).
Dans les cas où la radiographie montrerait des œufs de forme et en position normale, il est assez difficile de déterminer si l'on est en présence d'une gestation normale ou si l'on est

▼ *Pour prévenir la dystocie il faut laisser à la tortue la possibilité de creuser un nid dans un sol lui convenant*

confronté à un problème de rétention. On peut suspecter une dystocie si la tortue est abattue, si elle présente des épreintes ou une tuméfaction au niveau du cloaque.
Si la radiographie ne révèle pas d'anomalies il est possible de stimuler la ponte par l'injection d'oxytocine, un médicament généralement très efficace pour les tortues. Entre-temps, laissez à la disposition de l'animal un endroit approprié pour qu'il puisse creuser et pondre, si possible dans un endroit ensoleillé.

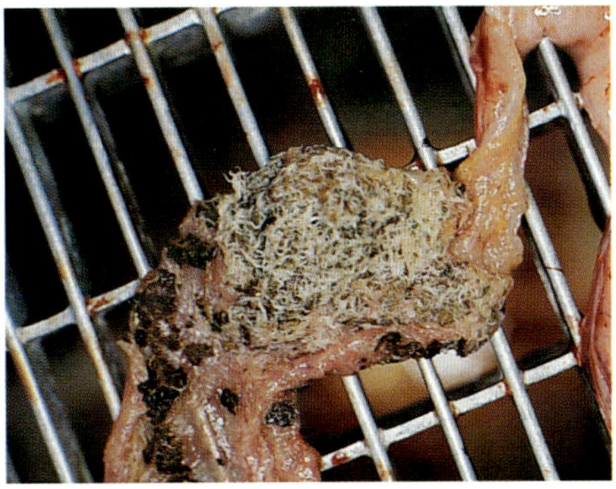

▲ *Côlon de tortue terrestre atteinte d'une grave infestation par oxyures*

Infestations par parasites internes

Dans la nature, les tortues « cohabitent » souvent avec des parasites intestinaux qui vivent dans un état d'équilibre avec leurs hôtes, sans créer de gros dommages. En revanche, chez les animaux en captivité, que ce soit à cause du stress auquel ils sont soumis ou de la concentration de spécimens et leur confinement dans un espace restreint, cet équilibre est modifié. Dans ce genre de cas, le nombre de parasites à l'intérieur de l'organisme des reptiles augmente en effet d'une manière anormale, détériorant leur santé et provoquant parfois leur mort. Il est donc essentiel de contrôler la prolifération des parasites internes en effectuant périodiquement des examens des fèces et des traitements antiparasites. Il ne faut toutefois jamais utiliser de vermifuge pour chiens ou pour chats sans indications du vétérinaire : vous risqueriez d'employer des produits ou des dosages toxiques pour les chéloniens. L'ivermectine, un médicament communément utilisé pour les chiens et de nombreux reptiles, est totalement contre-indiqué pour les tortues et risque même de provoquer leur mort.
Parmi les parasites internes, citons les **protozoaires**, de microscopiques parasites composés d'une seule cellule. Les flagellés sont très courants et s'ils sont présents en nombre anormal ils provoquent des diarrhées ; le traitement consiste à administrer du métronidazole par sonde gastrique. En outre, on trouve souvent dans les fèces des tortues des protozoaires ciliés tels que des *Nyctotherus* et des *Balantidium*, qui ne sont toutefois pas considérés comme pathogènes.
Parmi les **nématodes**, ou vers ronds, les plus courants sont les ascaris (pouvant mesurer quelques centimètres de long) et les oxyures (très petits mais qui peuvent former dans l'intestin d'énormes amas) ; le traitement contre ces parasites s'effectue avec différents produits, entre autres l'oxfendazole, le mébenzole ou le fenbendazole, administrés par sonde gastrique.

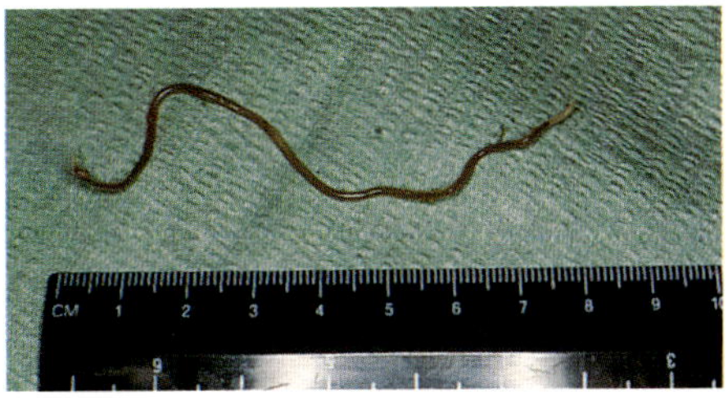

▲ *Ascaris trouvé dans l'intestin d'une* Testudo hermanni

▲ *Autopsie d'une tortue terrestre : on remarque dans le côlon la présence de nombreux parasites*

Infestation par tiques

Il est très simple d'enlever les tiques d'une tortue : il suffit de les saisir avec une petite pince à la base, à l'endroit où elles sont accrochées à la peau et de les arracher. Ensuite on élimine le parasite en l'écrasant pour qu'il ne puisse plus nuire et l'on désinfecte l'endroit où il était fixé.

Si les tiques sont nombreuses ou localisées dans un endroit peu accessible (éventuellement parce que la tortue se retire obstinément dans sa carapace chaque fois que vous essayez d'attraper la tique), le système le plus simple pour les éliminer consiste à vaporiser directement sur les parasites un produit à base de pyrèthre ou de dérivé du pyrèthre et de le laisser agir (les tiques mourront en quelques heures).

▲ *Une grosse tique accrochée à la patte d'une tortue*

Infections respiratoires

Les symptômes d'une infection respiratoire sont l'anorexie, la dépression, une respiration bouche ouverte accompagnée par un étirement du cou et l'émission de bave par la bouche. Parfois l'évolution de la maladie est très rapide et si elle n'est pas soignée rapidement, elle peut même provoquer la mort de l'animal en quelques heures ou en quelques jours. Il faut donc commencer immédiatement l'administration parentérale (c'est-à-dire par voie non orale) d'un antibiotique et placer l'animal dans un endroit chaud. Il est en outre conseiller de faire une radiographie pour évaluer la gravité de l'infection au niveau pulmonaire.

Hypovitaminose et hypervitaminose A

L'hypovitaminose A, c'est-à-dire la carence en vitamine A, est relativement commune chez les tortues d'eau douce alimentées d'une manière incorrecte mais elle est très rare chez les tortues terrestres herbivores ou omnivores. Les végétaux particulièrement riches en bêtacarotène qui, dans l'organisme, se transforme en vitamine A, sont pour la plupart de couleur orange et vert foncé. En revanche, il y a hypervitaminose lorsque la quantité de vitamine A est trop importante : chez les tortues terrestres, par exemple, une seule injection de vitamine A à des dosages supérieurs à 10 000 UI/kg peut provoquer de graves lésions cutanées telles que la sécheresse et des nécroses généralisées de la peau. Il ne faut donc jamais administrer cette vitamine si un vétérinaire compétent n'a pas auparavant diagnostiqué une carence spécifique.

▲ *Chez cette tortue, une administration excessive de vitamine A est à l'origine d'un décollement de la peau*

Lésions provoquées par le froid

Pendant la léthargie, l'exposition à des températures inférieures à 0 °C, même pendant quelques heures seulement, peut provoquer un gel des tissus qui risque d'endommager les yeux, le cerveau et le système nerveux. Différents types de symptômes peuvent révéler ce type de lésions : mouvements circulaires, torticolis (tête déviée d'un côté), paralysie faciale, parésie ou paralysie des membres.

Dans certains cas, l'on peut également observer un ictère. Il est impossible de procéder à un traitement de fond et le diagnostic est toujours réservé.
Les lésions aux yeux provoquent la cécité et elles peuvent être temporaires ou permanentes. Les tortues aveugles ne s'alimentent plus spontanément et ne se déplacent plus beaucoup, elles marchent en cercle et tiennent leur tête relevée d'une manière anormale. Souvent ces lésions sont associées à des dommages cérébraux. En général, l'issue prévisible n'est guère favorable mais, en attendant que la tortue retrouve éventuellement la vue (ce qui peut prendre quelques mois, voire des années), il est important de l'alimenter à la main.

Lésions provoquées par des insectes ou des rongeurs

Chez les tortues qui ont passé leur période d'hivernation en plein air, les écailles peuvent avoir été attaquées par des insectes, en particulier sur la surface ventrale du plastron qui est en contact avec le sol. En général, le traitement consiste simplement à nettoyer et à désinfecter les lésions : la kératine se reforme en effet assez rapidement. Dans le cas de lésions plus profondes, il peut être nécessaire d'appliquer une pommade antibiotique jusqu'à ce que la kératine se régénère. En revanche, les agressions par les rongeurs peuvent être particulièrement graves et provoquer d'importantes lésions sur les tissus et sur les pattes (pouvant atteindre l'os). Le traitement consiste à procéder à l'ablation des tissus dévitalisés et à désinfecter les blessures. Pour éviter que les blessures ne se salissent et ne s'infectent on peut les bander et administrer à l'animal un antibiotique jusqu'à guérison.

Lésions provoquées par l'accouplement sur la carapace et le cloaque

L'un des problèmes médicaux les plus importants chez les *Testudo* est lié aux lésions provoquées par la monte. En effet, les mâles sont plutôt agressifs lorsqu'ils s'accouplent avec les femelles et si dans un élevage, le rapport mâle/femelle approprié (c'est-à-dire un mâle pour cinq ou six femelles) n'est pas respecté, leurs tentatives de monte peuvent provoquer sur les carapaces des femelles des lésions (fréquemment localisées au niveau des écailles postérieures et sur les flancs) allant de l'abrasion superficielle à une infection étendue et grave en passant par des nécroses osseuses.
La femelle touchée doit être immédiatement isolée (et dans les cas les plus graves mise en observation) et placée dans un endroit propre. Il faut nettoyer les lésions en enlevant le tissu osseux nécrotique et les écailles détachées de leur tissu. Il faut ensuite laver abondamment la partie touchée à l'eau courante et avec une solution chirurgicale de bétadine ou de chlorexidine et appliquer une pommade antiseptique. Vous pourrez bander les lésions les plus graves pour les garder propres et limiter la déshydratation provoquée par la perte de liquide. À intervalles réguliers (au début tous les jours), il faudra nettoyer et soigner les plaies. En outre, il est conseillé de faire procéder à un antibiogramme et d'administrer des antibiotiques par voie parentérale. Dans les cas les plus graves, il est conseillé d'avoir recours à une thérapie de soutien avec administration d'analgésiques et de liquide et il est également recommandé d'alimenter l'animal artificiellement. La régénération de l'os de la dossière et des écailles peut nécessiter plusieurs mois.
Pendant la saison chaude il faut faire attention aux mouches qui peuvent déposer des larves dans les tissus abîmés : pour les éloigner il suffit d'appliquer des produits répulsifs à base de pyrèthre et de bander les lésions.
Les femelles qui cohabitent avec un trop grand nombre de mâles peuvent, en outre, souffrir de lésions au cloaque, particulièrement graves chez les *Testudo hermanni* et provoquées par l'éperon corné de la queue du mâle. On observe aussi des lésions péricloacales, des tuméfactions et une déchirure des bords du cloaque. Ces lésions doivent

◄ *Lésion provoquée par des morsures de rat sur une* Terrapene

▲ *Lésions graves infectées et nécrotiques de la carapace, provoquées par l'agression des mâles*

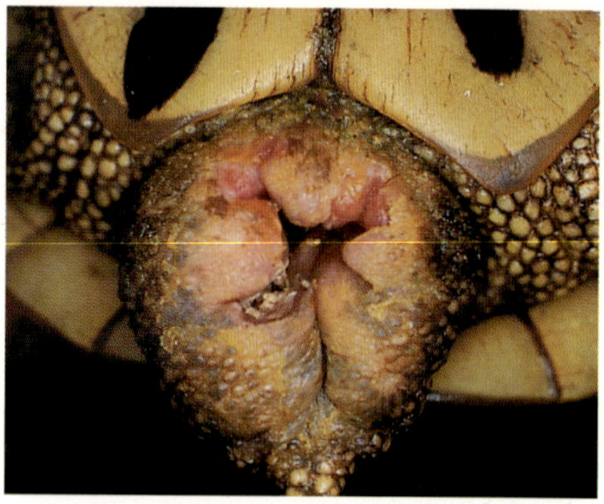

▲ *Lésions du cloaque, qui est déchiré et souffre d'inflammations chez une femelle de* Testudo hermanni *élevée avec plusieurs mâles*

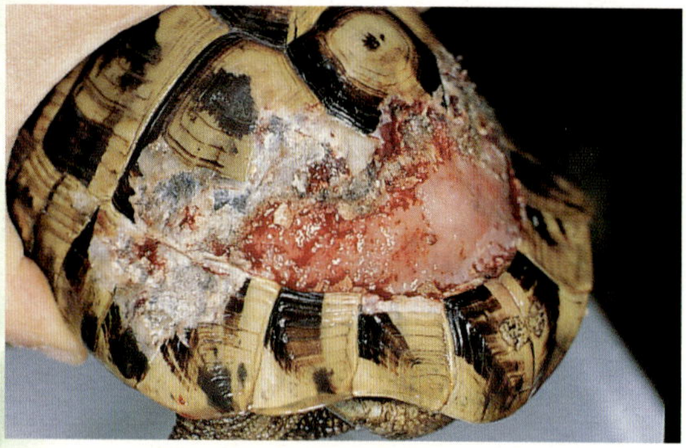

▲ *Lésion de la carapace chez un mâle de* Testudo hermanni *provoquée par la monte de plusieurs autres mâles. La lésion, qui concerne l'os sur toute son épaisseur, a déjà été nettoyée et l'on a procédé à l'ablation des tissus morts*

▼ *La même lésion au bout de quelques mois : le nouveau tissu osseux se reforme ainsi que le revêtement de kératine*

être traitées par ablation des tissus nécrotiques, en lavant abondamment la partie touchée avec des solutions antiseptiques et en appliquant des crèmes antibiotiques localement.

Maladie osseuse métabolique

La maladie osseuse métabolique (MOM) est une pathologie fréquente chez les jeunes tortues élevées en terrarium lorsque des conditions de vie appropriées et une alimentation correcte ne leur sont pas assurées. Les causes peuvent être multiples, notamment :

- Carence en calcium dans l'alimentation.
- Excès de phosphore dans l'alimentation, que les doses de calcium soient convenables ou non.
- Carence en vitamine D_3, soit à cause d'un déséquilibre alimentaire, soit à cause d'une exposition insuffisante aux UVB.
- Excès de substances qui lient le calcium (oxalate) dans l'alimentation.
- Excès de vitamine D_3.
- Rarement, pathologie du foie, des reins, de l'intestin, de la thyroïde ou des glandes parathyroïdes.

Concrètement, on distingue deux causes principales. La première est une exposition insuffisante aux rayons UVB (soit parce qu'il n'y a pas de lampe aux UVB dans le terrarium soit parce que les ampoules sont « usées » (elles doivent être changées tous les six à douze mois). La seconde est une carence alimentaire en calcium soit parce que les végétaux choisis ne sont pas ceux qui conviennent aux tortues, soit parce que des compléments en calcium et vitamine D_3 ne sont pas administrés. La situation est aggravée par la présence d'hydrates de carbone et d'aliments protéiques qui accélèrent la croissance mais ne fournissent pas le calcium nécessaire pour assurer l'ossification de la carapace.

◄ *Déformation des écailles qui prennent une forme pyramidale, provoquée par une alimentation inadéquate chez une Geochelone sulcata : au lieu d'être lisse, la dossière est « bosselée »*

Chez les jeunes tortues, l'un des symptômes cliniques est un ramollissement de la dossière qui se déforme et s'aplatit au fur et à mesure que la croissance s'accentue. En outre, si l'alimentation contient une quantité excessive de protéines, on observe une déformation des écailles qui ne sont plus lisses mais deviennent pointues (de forme pyramidale), et donnent à la carapace un profil irrégulier. En revanche, chez les sujets adultes, la MOM est beaucoup plus rare et difficile à déceler car la carapace constitue une réserve importante de calcium. Un examen radiologique peut révéler une raréfaction de l'os qui prend un aspect spongieux.
Si cette maladie est diagnostiquée assez tôt, alors que l'animal mange encore, il suffit de corriger son régime alimentaire, de lui apporter un complément en calcium et d'exposer l'animal aux UVB. Si possible, le reptile doit être placé à la lumière solaire directe (non filtrée par le verre, le Plexiglas ou autres matériaux). Si cela n'est pas possible, il faut placer dans le terrarium une ampoule à UVB de bonne qualité à une distance maximale de 30 à 40 cm de la tortue et, cette fois encore, sans interposition de verre ou d'autres matériaux. L'ampoule doit rester allumée de dix à douze heures par jour, c'est-à-dire l'équivalent d'une photopériode normale. Dans les cas les plus graves de MOM, l'animal ne s'alimente plus, il faut alors recourir à l'alimentation forcée par sonde gastrique.
Une fois qu'une déformation de la carapace est apparue, celle-ci sera permanente. Cette maladie est pratiquement inconnue chez les tortues qui grandissent en plein air, exposées à la lumière solaire.

▲ *Déformation des écailles qui deviennent pyramidales*

▼ *La maladie osseuse métabolique peut provoquer la déformation (aplatissement) de la dossière qui prend une consistance tendre. À gauche, une* Testudo hermanni *en bonne santé avec une carapace parfaitement développée, à droite, un spécimen malade*

Malformations

Les malformations sont relativement fréquentes chez les tortues et, en général, elles sont provoquées par des températures d'incubation trop élevées : plus la température est haute, moins le temps d'incubation est long, toutefois, au-delà de certaines limites, des anomalies de développement se manifestent. Une humidité relative trop basse peut également être la cause de certaines anomalies surtout au niveau des écailles. Les chéloniens peuvent être affectés par différents types de malformation avec des degrés de gravité variables. Les plus courantes concernent les écailles qui peuvent se présenter en nombre supérieur ou inférieur, ou avec des formes et des positions insolites. Ce type de malformations, bénin en soi, ne crée aucun problème à l'animal.

▲ *Asymétrie des écailles marginales*

▼ *Présence d'écailles latérales en surnombre*

▲ *Anomalie des écailles centrales et latérales*

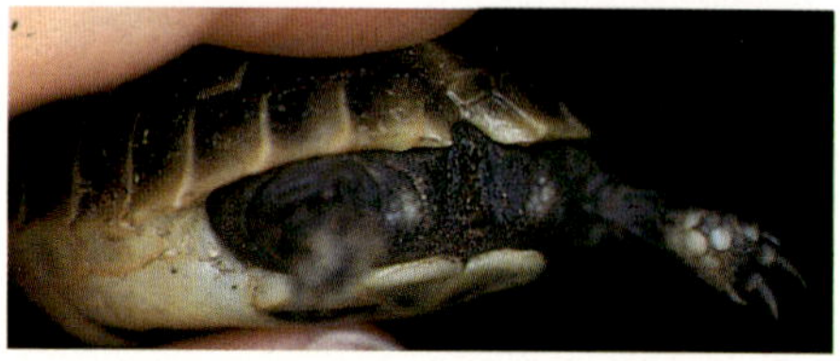

▲ *Absence de développement de la queue et anomalie des écailles supracaudales*

Rhinite

La rhinite est une infection des voies respiratoires hautes qui se manifeste par un écoulement nasal généralement séreux. Parallèlement, du fait d'un larmoiement important, on peut constater un écoulement oculaire séreux. Dans les cas les plus graves, la tortue respire la bouche ouverte et produit des bruits respiratoires dus au fait que les voies aériennes profondes sont touchées. La rhinite peut être contagieuse et les tortues malades doivent être isolées.

Le traitement consiste à supprimer l'exsudat en appuyant avec un doigt sous la gorge de l'animal et à appliquer ensuite dans les narines un antibiotique sous forme liquide ou de pommade pendant dix jours au moins. En cas de doute, il est conseillé de procéder à un examen radiologique pour vérifier qu'il s'agit d'une rhinite et non pas d'une pneumonie.

▼ *L'écoulement de mucus du nez peut être un symptôme de rhinite*

SCUD (infection de la carapace)

La SCUD (*septicemic cutaneous ulcerative disease*, c'est-à-dire une maladie ulcérante cutanée septicémique) est une infection bactérienne des chéloniens qui touche la carapace et parfois la peau. Les symptômes cliniques sont assez caractéristiques et elle est donc facile à diagnostiquer : en effet, sur la carapace apparaissent des lésions ulcéreuses, parfois avec du matériau nécrotique. Au début, on observe une altération de la couleur des écailles sous lesquelles se trouve un liquide ou un matériau purulent et malodorant. Les lésions peuvent s'étendre à la peau qui se détache et l'on peut constater la présence d'abcès cutanés ou la perte d'ongles. Dans les formes les plus avancées, la maladie progresse en provoquant une septicémie et la mort. L'apparition de cette maladie est favorisée par des mauvaises conditions de vie et d'hygiène et des lésions traumatiques de la carapace.

La thérapie consiste à procéder à l'ablation de tout le tissu nécrotique de la carapace : les écailles présentant une coloration anormale doivent être soulevées et il faut retirer le pus se trouvant en dessous. Il est parfois nécessaire de supprimer des portions d'os dermique nécrotique. Il faut ensuite nettoyer la tortue tout entière avec de la bétadine. Enfin il convient d'appliquer une thérapie locale à base d'antibiotiques sous forme de crème, de pommade, de spray ou par voie parentérale. Il faut en outre améliorer les conditions d'élevage et assurer une éventuelle thérapie de soutien par hydratation et alimentation forcée.

▲ *Infection de la carapace, avec détachement des écailles et infection de l'os sous-jacent*

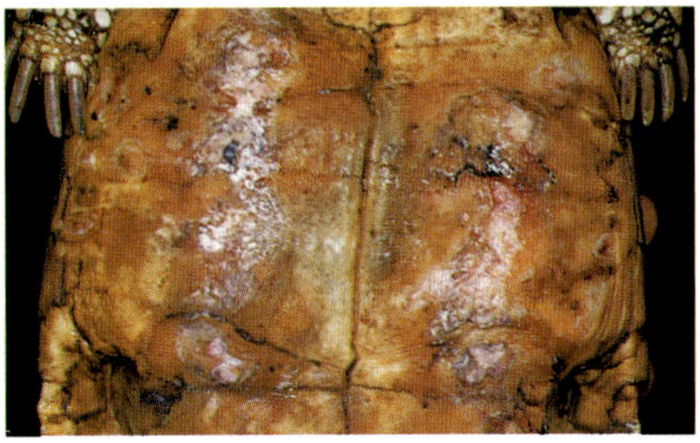

▲ *Infection du plastron provoquée par l'agression d'un chien*

Stomatite

Une stomatite est une infection de la partie interne de la bouche. Les causes et la gravité de cette infection peuvent être très variables. La stomatite nécrotique post-hivernation est assez courante. Elle se manifeste lorsque l'animal sort de sa léthargie et elle est provoquée par de mauvaises conditions environnementales et un état de santé défaillant pendant la léthargie. En général, ces stomatites sont associées à des infections provoquées par des germes tels que les *Pseudomonas* spp. et *Aeromonas* spp. Parfois l'agent responsable peut être du type Herpèsvirus, et dans ce cas le traitement s'avère tout à fait inefficace.

Le symptôme le plus courant de la stomatite est l'anorexie : en effet, la tortue refuse de s'alimenter à cause de la douleur qu'elle ressent dans la bouche et de son état de malaise. Si l'on observe la cavité buccale on constatera la présence de plaques blanchâtres sur la langue et les gencives qui, si elles sont éliminées, révèlent la présence d'une inflammation de la muqueuse qui sera d'un rouge vif. Dans les cas plus graves, l'œsophage, la trachée et les poumons sont touchés et la mâchoire peut révéler une infection de l'os (ostéomyélite). Un exsuda purulent et malodorant peut sortir de la bouche. Si cette maladie n'est pas correctement soignée, elle provoque la mort du reptile par anorexie et par extension de l'infection aux tissus environnants. Il est souvent conseillé de faire effectuer un antibiogramme, c'est-à-dire un examen qui permet de déterminer quels sont les antibiotiques actifs contre les germes responsables de l'infection.

Dans les cas les plus bénins, il suffit de supprimer le pus avec un Coton tige et de désinfecter la bouche avec de la bétadine diluée à 1 :4 (c'est-à-dire une part de bétadine et trois parts d'eau) deux fois par jour en continuant pendant quelques jours après la guérison des lésions. Il peut être également utile d'appliquer dans la bouche une pommade antibiotique. Dans les cas les plus graves, un traitement

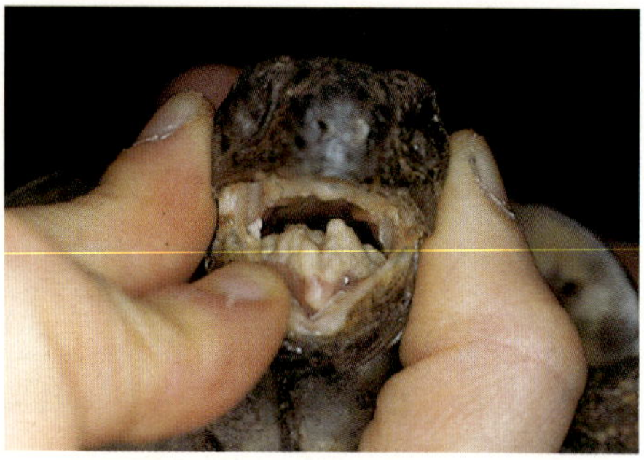

▲ *Stomatite grave, avec présence d'un matériau nécrotique purulent abondant*

antibiotique s'impose et, tant que l'animal ne sera pas guéri, il faudra lui administrer des aliments et des liquides par sonde gastrique. En cas de forme virale, il est possible d'administrer un médicament antiviral.

Traumatismes de la carapace

Les traumatismes de la carapace (fractures, ou perte d'une partie de la carapace) peuvent être provoqués par des chocs, des chutes, la « rencontre » avec une tondeuse, des morsures de chien, etc. Ces lésions peuvent être d'une gravité variable et concernent souvent également les organes internes avec des déchirures, des hémorragies et des infections.

Toutes ces lésions, même celles qui apparaissent peu graves nécessitent une visite chez le vétérinaire car une blessure à la carapace sur toute son épaisseur expose les organes internes à des risques d'infection. Entre-temps il est nécessaire de nettoyer avec de la gaze humide les saletés présentes à l'intérieur de la blessure mais il ne faut pas arroser la partie concernée avec du désinfectant qui pourrait pénétrer à l'intérieur de la carapace et y entraîner des matières étrangères contaminées. Par la suite, il faudra protéger la partie blessée avec un chiffon propre à la fois pour arrêter d'éventuelles hémorragies et pour éviter qu'elle ne soit contaminée par de la terre et des impuretés diverses pendant le transport jusqu'au cabinet ou à la clinique vétérinaire. C'est ensuite le vétérinaire lui-même qui devra effectuer un nettoyage en profondeur des lésions et procéder à l'ablation des tissus morts. Il évaluera également l'état de santé général de l'animal et déterminera la présence d'éventuelles lésions internes. Il décidera s'il est possible de réparer ces lésions et s'il est nécessaire d'administrer des antibiotiques ou des analgésiques. Dans les cas les plus graves, s'il considère que la tortue ne peut pas être sauvée, il proposera l'euthanasie. Les fractures peuvent être réparées et stabilisées par l'application de cerclages métalliques, de clous et de vis orthopédiques. En revanche, s'il manque des morceaux de la carapace, il faudra procéder d'une autre manière. Il y a peu de temps encore, on considérait qu'il fallait recouvrir le plus rapidement possible ce type de lésions avec de la résine afin de rétablir l'intégrité de la carapace. Aujourd'hui, en revanche, les vétérinaires sont d'avis qu'il est préférable de les traiter comme n'importe quels autres types de blessure en les recouvrant d'un bandage que l'on changera périodiquement et désinfectera régulièrement ce qui permettra d'évaluer l'évolution de la blessure. Avec le temps, c'est-à-dire au bout de plusieurs mois, voire d'un ou deux ans, le tissu osseux et le revêtement de kératine se reformeront et répareront la lésion.

▲ *Lésions à la carapace provoquées par les morsures d'un chien*

▼ *Lésion occasionnée par une tondeuse à gazon qui a provoqué la perte de la partie supérieure de la carapace. La moelle épinière ayant été touchée, l'animal a été achevé*

▲ *Fracture de la dossière provoquée par une automobile*

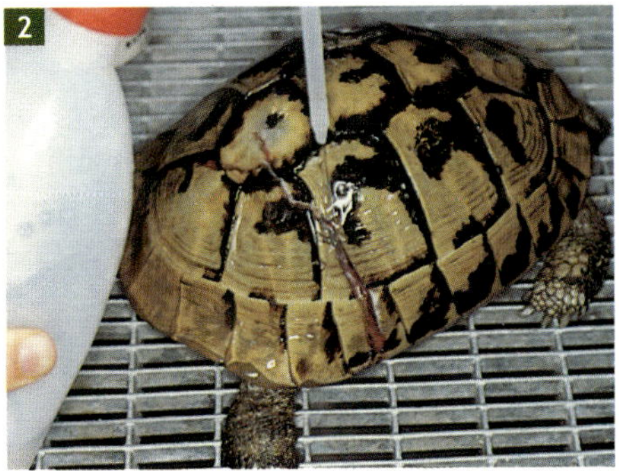

▲ *La lésion doit être abondamment arrosée d'une solution désinfectante pour éliminer la saleté*

▲ *La fracture a été réduite grâce à l'application de cerclages métalliques sous anesthésie générale*

▲ *La lésion est protégée par l'application d'un revêtement en résine*

Le traitement des blessures

Alors que les blessures profondes doivent être examinées par un vétérinaire (pour éviter les risques d'infection, d'abcès, de nécroses ou de septicémie) il est possible de traiter vous-même les plus superficielles. Il faut d'abord bien laver la partie concernée sous l'eau du robinet, en lavant la peau autour de la blessure avec du savon et éventuellement en retirant la saleté avec une petite brosse. Pour désinfecter la blessure n'utilisez pas d'alcool, d'eau oxygénée, d'eau ni de sel ; les meilleurs désinfectants sont ceux à base de chlorexidine ou bien de bétadine diluée. Si des œufs ou des larves de mouche sont présents sur la blessure, il faudra immédiatement amener la tortue chez le vétérinaire.

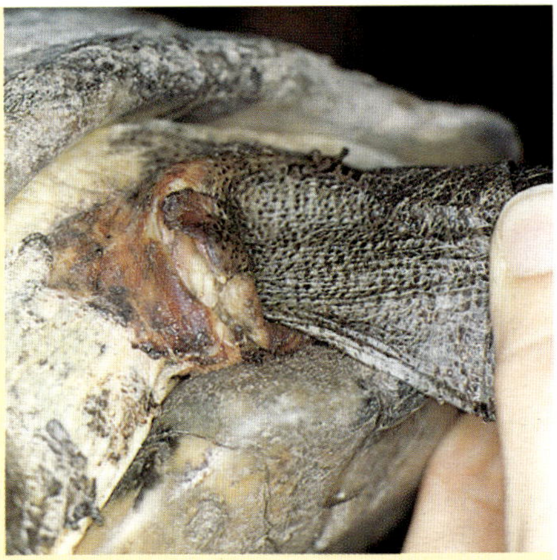

▲ *En cas de blessures profondes, ou avec matériau nécrotique ou purulent, une visite chez le vétérinaire s'impose*

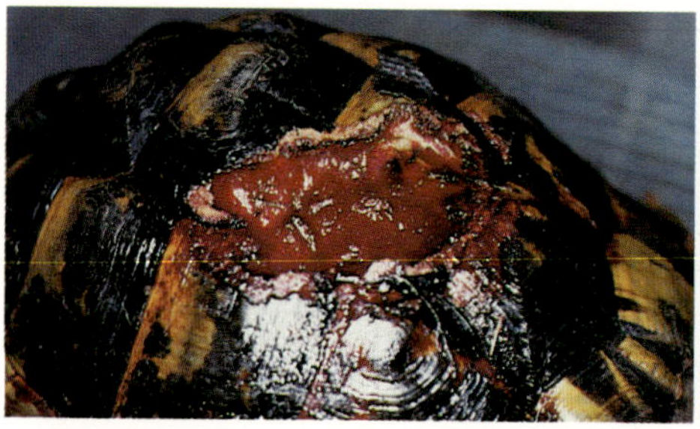

▲ *Perte de substance de la dossière à la suite d'une lésion provoquée par une tondeuse. Il est préférable de traiter des blessures de ce type, avec perte d'une partie de la carapace, par l'application de bandages qui permettent d'examiner périodiquement la blessure, de la nettoyer et de la soigner jusqu'à ce que le tissu se reforme.*

Tuméfaction des membres

Une tuméfaction d'un ou de plusieurs membres est toujours un symptôme à prendre au sérieux et nécessitant une visite rapide chez le vétérinaire. Les causes peuvent en être nombreuses : fractures, infection des tissus mous ou des articulations, abcès, goutte et insuffisance rénale. Il peut être nécessaire de procéder à des radiographies, des examens cytologiques et des analyses de sang pour pouvoir déterminer un diagnostic précis.

▼ *Infection grave du membre antérieur*

▲ *Tuméfaction des membres à cause d'une goutte articulaire*

▼ *Abcès au niveau de l'articulation du genou*

GUIDE DES ESPÈCES

Cuora flavomarginata GRAY, 1863

NOM COMMUN :
TORTUE BOÎTE À BORDS JAUNES

Taxinomie : trois espèces sont reconnues : *C. f. flavomarginata* (Gray, 1863), *C. f. evelynae* (Ernst et Lovich, 1990) et *C. f. sinensis* (Hsü, 1930).
Certains auteurs classent cette tortue dans le genre *Cistoclemmys*.

Origines et habitat naturel : vit dans les régions méridionales de la Chine, à Taiwan et dans les Îles Ryukyu (au Japon) et occupe un habitat au climat subtropical et tempéré. Cette tortue a des habitudes semi-terrestres, elle aime s'exposer au soleil et vivre auprès des cours d'eau ou dans des plans d'eau peu profonds.

Description : la dossière, généralement marron foncé, peut atteindre 19 cm de longueur et a une forme très marquée, en coupole, avec une carène médiane jaune. Les anneaux de croissance des écailles sont très relevés. Les écailles latérales présentent une zone centrale plus claire tandis que les écailles marginales ont une tache jaunâtre ou roussâtre sur le bord extérieur et la partie inférieure de couleur jaune qui crée une bande latérale de couleur claire (d'où le nom de l'espèce). Le plastron présente l'articulation caractéristique du genre *Cuora*, qui permet une fermeture complète de la carapace pour protéger l'animal ; celui-ci est noir ou marron foncé avec la partie extérieure des écailles pectorales et abdominales jaune. Les tortues de l'espèce *C. flavomarginata* présentent cinq doigts pour les membres antérieurs et quatre pour les membres postérieurs.

Dimorphisme sexuel : il n'est pas facile de distinguer un sexe de l'autre. Chez le mâle, la base de la queue est plus large que chez la femelle tandis que chez la femelle le bord arrière du plastron est légèrement recourbé vers le haut.

Mode de vie en captivité : cette tortue a besoin d'une température modérée (le chauffage peut être assuré par une seule ampoule créant un point chaud) mais le niveau d'humidité doit être élevé. Un substrat de sphaigne, régulièrement vaporisé d'eau, contribue à maintenir l'humidité. Dans le terrarium il faut placer un récipient d'eau à bords bas dans lequel la tortue pourra se plonger. Pendant la saison chaude, sous les climats tempérés, elle peut rester en plein air, à condition de maintenir un degré élevé d'humidité et en laissant toujours à sa disposition un récipient et un refuge. Pendant l'hiver, elle peut être logée

▲ Dossière

▼ Plastron

dans un terrarium et doit être gardée au chaud à 24 °C ou bien, on peut la laisser hiverner si elle reste en plein air.

Alimentation : *C. flavomarginata* est omnivore. Son alimentation est à base de fruits et de végétaux (entre autres maïs, courges et carottes râpées) et d'insectes, d'escargots, de lombrics, de souris nouveau-nées, de petits poissons, d'aliments pour carpes et pour chiens de type allégé. Il faut leur offrir des fruits et des végétaux tous les jours et ne leur donner les autres aliments que trois fois par semaine. Laissez également à leur disposition un os de seiche, riche en calcium.

Reproduction : la femelle pond de 1 à 3 œufs à la fois, et le nombre maximum de pontes est de 3 par saison (de mars à juillet). Les œufs sont incubés dans de la vermiculite humide ; l'incubation à 30 °C nécessite 68 à 72 jours, tandis qu'à 28 °C il peut falloir plus de 100 jours. Les petits ont une longueur d'environ 4 cm et présentent une carène centrale jaune bien marquée.

Législation : est incluse dans l'Annexe II CITES et dans l'Annexe B du Règ. CE 338/97.

Particularités : c'est une espèce assez délicate qui, si elle n'est pas élevée dans des conditions environnementales correctes, risque de souffrir de problèmes respiratoires. Les spécimens importés sont souvent atteints d'infections parasitaires graves et très affaiblis.

▼ *Gros plan de la tête*

Les tortues asiatiques subissent de graves dommages du fait de l'absence de contrôles et elles sont vendues à la fois sur le marché des animaux de terrarium et sur le marché alimentaire ou pour servir de matière première à des produits médicinaux à tel point que de nombreuses espèces sont sérieusement menacées d'extinction. Cette situation est aggravée par la destruction de leur habitat naturel. C'est la raison pour laquelle il faut absolument décourager l'achat de spécimens capturés dans la nature. En outre, la mortalité des sujets importés est très élevée.

Certaines espèces de *Cuora* (*C. amboinensis* et *C. trifasciata*) sont semi-aquatiques et nécessitent un environnement très différent de celui de la *C. flavomarginata*. En effet il faut soit mettre en place un « terraquarium » soit les placer dans une mare.

Geochelone carbonaria Spix, 1824

Nom commun :
Tortue charbonnière

Taxinomie : il n'y a pas de sous-espèces reconnues. On parle toutefois de différentes populations qui se distinguent par leur dimension et leurs couleurs, en fonction de leur région d'origine.

Origines et habitat naturel : *G. carbonaria* est originaire d'Amérique du Sud et plus précisément de régions proches du bassin du Rio des Amazones : Panama, Colombie, Venezuela, nord-est du Brésil jusqu'au nord de l'Argentine, Trinitad, Paraguay, Bolivie et certaines îles des Caraïbes (Barbade, Martinique, Guadeloupe, Antigua et les Îles Vierges). Cette espèce occupe les parties ouvertes de la savane humide et les forêts tropicales ouvertes. Elle aime les milieux spacieux, chauds et humides comme la savane mais n'apprécie pas beaucoup la lumière solaire directe. Elle est plus active le matin et le soir et lorsqu'il pleut.

Description : les dimensions maximum enregistrées sont de 51 cm (un spécimen trouvé au Brésil le siècle dernier) mais les dimensions moyennes sont d'environ 29-32 cm. La carapace est lisse et allongée, d'une couleur souvent foncée et avec des aréoles jaunes ou orange. L'écaille nucale est absente. Le plastron est presque entièrement jaune avec des parties noirâtres sur les bords des écailles. La tête, la queue et les pattes sont essentiellement noires avec des taches jaunes, orange et rouges. Chez certaines populations, la tête est essentiellement jaune ou presque complètement rouge. Il peut y avoir des variations de couleurs de la peau en fonction de l'aire de provenance.

Dimorphisme sexuel : il est très marqué. Dans de nombreux cas, le mâle présente un rétrécissement en forme de sablier de la carapace et un plastron fortement concave contrairement à celui de la femelle qui est plat. De même, comme c'est le cas aussi pour les *Testudo hermanni*, chez le mâle, les écailles anales forment un angle plus ouvert, tandis que chez la femelle, elles sont plus rapprochées et de forme ovoïdale. L'espace entre le bord arrière du plastron et l'écaille supracaudale de la dossière est deux fois plus important chez la femelle que chez le mâle pour faciliter le passage des œufs. Chez le mâle, en outre, la queue est plus longue et plus large (bien que ce ne soit pas le cas chez tous les spécimens) et l'ouverture cloacale plus éloignée de la base de la queue, alors que chez la femelle elle est placée plus près. Toutes ces caractéristiques peuvent être observées à partir du moment où l'animal a atteint la maturité sexuelle.

Mode de vie en captivité : cette tortue a besoin d'un milieu chaud et humide toute l'année, avec de rares fluctuations des températures au cours de la journée ou des saisons. En été, il est possible de la laisser en plein air, mais l'hiver et pendant les nuits froides, il est indispensable de la placer dans un endroit chauffé. Sa plage de températures préférées se situe aux environs de 23-29 °C, avec un abaissement nocturne jusqu'à 21 °C. En plein air, elle doit avoir à sa disposition de vastes zones d'ombre et un refuge isolé thermiquement. À l'intérieur, il est essentiel de maintenir des niveaux d'humidité élevés grâce à l'utilisation régulière d'humidificateurs d'air.

Alimentation : cette tortue, essentiellement herbivore, n'absorbe qu'occasionnellement

▼ *Spécimen adulte*

▲ *À gauche, dossière et à droite, plastron d'un spécimen jeune*

des aliments d'origine animale. Dans la nature, elle se nourrit d'herbes, de feuilles, de fleurs, de bourgeons de fruits, de légumes, de champignons, d'invertébrés (limaces, termites, papillons et autres insectes) et parfois de charognes et de fèces d'autres animaux. Ses aliments préférés sont les fruits bien mûrs tombés des arbres qui représentent 70 % de son alimentation pendant la saison humide et 40 % pendant la saison sèche. Les champignons, les insectes et les charognes représentent 20 % de son alimentation. En captivité, on peut la nourrir avec une grande quantité de fruits (morceaux de melon, pastèque, papaye, d'ananas, prune, pomme, figue, orange, raisin et autres types de fruits bien mûrs) qui peuvent représenter jusqu'à 50 % de son alimentation. En revanche, il ne faut administrer les bananes qu'avec parcimonie. D'autre part, les végétaux à feuilles (les mêmes que pour le régime alimentaire des *Testudo*), les champignons, les fleurs d'hibiscus et de pissenlit ainsi que les granules pour lapins à base de luzerne sont très indiqués pour cette tortue. Une fois par semaine, on peut laisser à sa disposition une petite quantité de nourriture pour chats en boîte à faible teneur lipidique (du type allégé), au maximum 25 g pour un spécimen adulte et moins pour les sujets plus jeunes. Attention, une administration plus fréquente de ce type d'aliment peut provoquer des dommages métaboliques graves et une altération de la croissance. Son alimentation doit avoir un rapport calcium/phosphore élevé, que l'on obtiendra grâce à l'ajout de carbonate de calcium à l'alimentation habituelle ou bien en utilisant un complément minéral et vitaminique. Il est indispensable de laisser à sa disposition de l'eau fraîche où elle pourra s'immerger pour boire.

Reproduction : dans des milieux favorables, le rite nuptial et l'accouplement ont lieu toute l'année et les mâles qui se battent souvent entre eux peuvent se blesser par morsure. Les œufs, au nombre de 2 à 7, sont pondus dans un nid creusé au pied d'une plante. Au cours de l'année, il peut y avoir plusieurs couvées, généralement d'août à janvier. La durée moyenne d'incubation est de 150 jours. À la naissance, les petits ont une longueur d'environ 4,6 cm et pèsent de 26 à 32 g. Leur croissance est très rapide pendant les 5 ou 6 premières années ; au bout de ce délai, la *G. carbonaria* atteint de 18 à 20 cm de longueur (ce qui correspond au moment où elles atteignent leur maturité sexuelle) par la suite elle se ralentit. À 18-20 ans d'âge, leur longueur est de 25-30 cm.

Les œufs peuvent être incubés artificiellement dans de la vermiculite mélangée à de l'eau dans un rapport de 1 :1, en ayant soin de maintenir une humidité élevée (70-80 %) et une température de 29-30 °C. Dans ces conditions, l'éclosion a lieu en 150-175 jours. Pour prévenir d'éventuels problèmes de déshydratation, il est conseillé de baigner les petits dans de l'eau tiède tous les jours.

Législation : est incluse dans l'Annexe II CITES et dans l'Annexe B du Règ. CE 338/97.

Particularités : une alimentation composée principalement d'herbe de pâturage ne serait pas suffisante pour une *G. carbonaria*. Inversement, le régime alimentaire indiqué pour ce chélonien ne serait pas adapté à d'autres tortues terrestres herbivores telles que les *Testudo* spp.et les *Geochelone pardalis*.

◄ *Spécimen jeune*

Geochelone elegans

SCHOEPFF, 1795

NOM COMMUN : TORTUE ÉTOILÉE

Taxinomie : aucune sous-espèce n'est reconnue, même s'il y a de légères différences de dimensions et de couleurs selon la zone de provenance.

Origines et habitat naturel : cette tortue est originaire de la péninsule indienne mais on la trouve également au Pakistan et au Sri Lanka. Elle occupe des habitats assez variés qui vont des forêts tropicales à feuilles caduques aux plaines herbeuses, en passant par les savanes, tous ces milieux étant caractérisés par une période de climat sec de durée variable. On la trouve toutefois toujours à proximité des points d'eau où elle aime se plonger. Elle est particulièrement active pendant la saison des moussons, tandis que pendant les périodes sèches elle n'est active que le matin et le soir (pendant la journée, elle reste toujours enterrée à cause de la grande chaleur).

Description : la dossière, ovoïde et en forme de coupole, peut atteindre 35 cm de long, mais ses dimensions moyennes sont de 25 cm. Les écailles centrales et latérales, relevées au niveau de l'aréole, donnent à la carapace un aspect « bosselé » : cette conformation, tout à fait normale, ne doit pas être confondue avec la déformation pyramidale des écailles provoquée par une altération de la croissance. À la naissance, la carapace des petits est lisse et la croissance « pyramidale » des écailles (dont le nombre varie selon les sujets) commence à l'âge d'un an. La carapace, très belle et singulière, se distingue par une dossière noire ou marron foncé avec un dessin jaune ou marron clair formé par les aréoles et par des bandes radiales (de 6 à 12) qui irradient à partir des aréoles et donnent aux écailles un aspect étoilé caractéristique. On peut observer le même type de dessin sur le plastron.

Dimorphisme sexuel : la femelle atteint une plus grande taille et elle est plus large. La queue du mâle est plus longue et plus grosse, son

G. elegans *est une des plus belles espèces de tortues*

plastron est concave tandis que celui de la femelle est plat. La distance entre l'écaille supracaudale de la carapace et les écailles anales du plastron est plus grande chez les femelles.

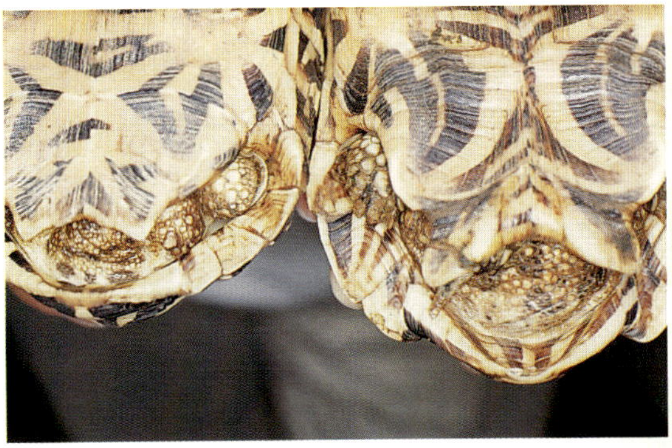

▲ *Dimorphisme sexuel : à gauche la femelle, à droite le mâle*

Mode de vie en captivité : l'idéal est de faire vivre cette tortue en plein air (sous des climats doux ou pendant les périodes chaudes) de sorte que ce reptile délicat ait la possibilité de paître et de bénéficier des rayons du soleil. Il est indispensable qu'il y ait des endroits ombragés et que l'animal puisse accéder librement à un récipient bas rempli d'eau où il pourra se plonger. La *G. elegans* ne supporte pas le froid et l'humidité, toutefois, pendant les saisons chaudes on peut la laisser sous la pluie. En revanche, il faut lui fournir un abri chauffé pendant la nuit, sauf pendant les périodes les plus chaudes. Pendant les saisons froides, il faut la placer au chaud à l'intérieur. L'élevage en terrarium est peu indiqué et il est préférable de construire un large enclos dans une pièce chauffée à 24 °C, au minimum. Il est indispensable d'utiliser une lampe à spectre complet (UVA), si possible émettant également des UVB, il est également nécessaire de mettre en place un spot chauffant pour créer un point chaud d'environ 38 °C. L'aménagement doit comprendre un refuge et un récipient bas rempli d'eau tiède et il est possible d'utiliser comme fond des copeaux ou du terreau.

Alimentation : *G. elegans* est strictement herbivore et a besoin d'un régime riche en fibres et en calcium et pauvre en protéines. En effet, une alimentation excessivement nourrissante provoque des altérations de la croissance et des malformations de la carapace. Pour donner à l'animal une alimentation idéale il convient de le laisser brouter l'herbe des prés mais les feuilles et les fruits du figuier de Barbarie sont également indiqués. En revanche, évitez les tomates et la salade. Il est conseillé de proposer des herbes des champs, du taraxacum et des feuilles de figuiers de barbarie aux animaux vivant à l'intérieur. Il est essentiel de fournir tous les jours un complément en calcium, surtout pour les sujets en phase de croissance, et de leur administrer un complément de vitamine D_3 ou bien d'utiliser une lampe à ultraviolets de forte intensité. Dans la nature, cette tortue consomme de temps en temps des aliments d'origine animale tels que des invertébrés et des charognes. En captivité, où la disponibilité en aliments est illimitée et constante, il faut éviter l'administration de ce type d'aliments qui peuvent provoquer des altérations de la croissance et des pathologies rénales et hépatiques.

▲ *Dossière*
▼ *Plastron*

Reproduction : dans la nature, la période de reproduction coïncide avec la saison des moussons (la mi-juin à la mi-octobre). En général, les mâles ne sont pas particulièrement violents lors du rite nuptial et font preuve de peu d'agressivité les

▲ *Spécimen jeune à très jolie dossière*

uns envers les autres bien que les plus combatifs essaient de renverser les rivaux à coups de carapace. Du mois d'avril au mois de novembre, il y a de 2 à 4 couvées de 3 à 6 œufs en moyenne qui ont besoin de 140 jours pour éclore. Parfois les petits restent dans l'œuf jusqu'au début des pluies.
En captivité, étant donné que la reproduction n'est pas des plus simples, on peut la stimuler en plaçant les animaux sous une pluie intense ou en arrosant abondamment l'enclos.
Le sexe des nouveau-nés dépend de la température d'incubation. À 28-30 °C ce sont essentiellement des mâles qui naissent, alors qu'à 31-33 °C ce sont plutôt des femelles.
Dans l'incubateur, l'humidité doit être moyenne ou basse. Le temps d'incubation est d'environ 100 jours à 28 °C et de 75 jours à 30 °C, même si l'on peut constater des périodes d'incubation extrêmement variables (de 47 à 223 jours). À la naissance, les petits mesurent 3,5 cm de long, ils pèsent en moyenne de 15 à 16 g et leur dossière est lisse, de couleur noire avec des stries jaunes ou complètement noire.

Législation : est incluse dans l'Annexe II CITES et dans l'Annexe B du Règ. CE 338/97.

Particularités : l'élevage est semblable à celui du *G. pardalis*, mais *G. elegans* est une espèce particulièrement délicate. Il faut donc l'isoler des autres espèces pour éviter la contamination d'infections contre lesquelles elle n'a pas de défenses naturelles. Les sujets prélevés dans la nature ont un taux de mortalité très élevé et nous vous déconseillons d'en acquérir ; d'ailleurs il est actuellement relativement facile de se procurer des spécimens nés en captivité.

Geochelone pardalis

Bell, 1828

Nom commun : Tortue léopard

Taxinomie : deux espèces sont reconnues : *G. p. babcocki* et *G. p. pardalis.*

Origines et habitat naturel : cette tortue est originaire de l'Afrique occidentale et australe. *G. p. babcocki* est présente en Afrique occidentale de l'Abyssinie à la République d'Afrique du Sud, tandis que *G. p. pardalis* occupe une zone plus limitée, correspondant à la partie occidentale de la République d'Afrique du Sud et au sud de la Namibie. Elle se trouve essentiellement dans des prairies et des savanes semi-arides, même si elle occupe parfois des habitats plus pluvieux.

▲ *Spécimen adulte*

▼ *Spécimen jeune*

Description : *G. pardalis* est la plus grande tortue terrestre africaine après *G. sulcata*, et c'est une des plus belles tortues terrestres. Elle peut atteindre 60 cm de long et 35 kg. La dossière est très convexe, avec une coloration de fond marron clair et des taches noires qui forment des stries radiales.

▲ *Un exemple rare d'hypomélanisation : le pigment noir est presque complètement absent*

Chez les jeunes, la coloration noire forme un anneau continu autour de l'aréole.
Par rapport à la *G. p. pardalis*, les *G. p. babcocki* adultes présentent une dossière avec une forme en coupole plus marquée. Les jeunes des deux sous-espèces peuvent être distingués par la couleur de l'aréole : chez les *G. p. babcocki* les taches noires des écailles centrales sont placées sur la ligne médiane tandis que chez les *G. p. pardalis* elles sont plus latérales.

Dimorphisme sexuel : peu évident, à l'exception de légères concavités au niveau du tiers arrière du plastron et de la queue plus longue chez le mâle. Chez les *G. p. babcocki*, le mâle est plus petit que la femelle tandis que chez les *G. p. pardalis*, il est plus grand.

Mode de vie en captivité : identique à celui des *G. sulcata*.

Alimentation : semblable à celle des *G. sulcata*. Les spécimens en phase de croissance et les femelles gravides ont besoin d'un complément en calcium important.

Reproduction : le nombre d'œufs par couvée varie en moyenne de 8 à 10, mais, en fait, il peut aller de 5 à 30. Il y a plusieurs couvées par an, jusqu'à 6. À la naissance, les petits mesurent de 3,8 à 4,8 cm. Dans l'incubateur, la température doit être maintenue entre 28 et 30 °C, avec un humidité de 80 % et un substrat légèrement humide. Le temps d'éclosion varie de 130 à 180 jours.

Législation : est incluse dans l'Annexe II CITES et dans l'Annexe B du Règ. CE 338/97.

Particularités : les spécimens ayant grandi en captivité sont souvent atteints d'une déformation des écailles (qui deviennent pyramidales) provoquée par une croissance trop rapide mais, à l'état naturel, la dossière est assez lisse et arrondie. Les spécimens prélevés dans la nature sont souvent déshydratés et souffrent de forte infestation parasitaire. Ils peuvent avoir également des problèmes d'acclimatation. Il est donc préférable de demander des sujets d'élevage car la reproduction en captivité est assez simple.

Geochelone sulcata

Miller, 1779

Nom commun : Tortue sillonnée

Origines et habitat naturel : provient de l'Afrique sub-saharienne (Éthiopie, Érythrée, Sénégal et Mauritanie) où elle vit dans les savanes et les bosquets d'acacias et des milieux chauds et arides où l'eau est très rare. Son métabolisme est bien adapté à la conservation de l'eau qu'elle se procure essentiellement grâce à la végétation. Pendant les périodes les plus chaudes, elle creuse des galeries dans le sol pour se protéger contre les températures élevées.

Description : après les tortues géantes des Galápagos et des Seychelles, *G. sulcata* est la plus grande des tortues terrestres : elle peut en effet atteindre plus de 80 cm de long et 100 kg. Sa dossière est d'une couleur marron clair et devient plus foncée au niveau des bords des écailles. Sa peau est marron clair et les membres sont protégés par des écailles très marquées. Des tubercules bien évidents sont présents au niveau de la face postérieure de la région fémorale.

Dimorphisme sexuel : le mâle est plus gros que la femelle, son plastron est plus concave et sa queue a des dimensions plus importantes. En outre, chez le mâle, les écailles anales du plastron forment un angle plus large.

Mode de vie en captivité : cette tortue a besoin de beaucoup d'espace et vous devrez construire des enclos particulièrement robustes car dans le cas contraire ils pourraient être facilement arrachés. Lorsque la saison est favorable, il est préférable d'élever ces tortues en plein air et non pas en terrarium, y compris les spécimens jeunes. Pour bien vivre, *G. sulcata* a besoin de beaucoup de lumière directe et de chaleur constante (elle ne supporte ni le froid ni l'humidité) ; par conséquent, pendant les périodes froides, il est nécessaire de lui garantir un milieu protégé contre les intempéries et chauffé.
Dans le terrarium, il faut placer différentes lampes à UVB et des ampoules chauffantes en

▼ *Spécimen adulte*

▲ *Spécimen jeune*

▲ *Détail pour le sexage : mâle à gauche et femelle à droite*

créant un gradient de température allant de 22 °C dans la zone la plus fraîche à un point chaud de 31 °C. En outre, il est essentiel de laisser à sa disposition de l'eau pour qu'elle puisse en boire ou s'y immerger.

Alimentation : strictement herbivore, cette tortue a besoin d'une alimentation à haute teneur en fibres et à base d'herbes des champs, de trèfles et de luzerne. Les figuiers de barbarie sont également très adaptés. Sa croissance, très rapide, nécessite un apport en calcium important sous la forme de compléments diététiques. En revanche, il ne faudra donner de fruits qu'occasionnellement car ceux-ci peuvent provoquer des troubles digestifs parfois graves. De même, l'administration de protéines animales est nocive et provoque une croissance difforme de la carapace.

Reproduction : la reproduction en captivité est relativement facile. Ce qui compte c'est de fournir à la femelle un lieu approprié pour qu'elle puisse pondre. Le fond sera constitué d'un substrat meuble, tel que du sable, sur une profondeur de quelques dizaines de centimètres. Le nombre des couvées peut atteindre 6 par an, avec une moyenne de 15 œufs par couvée. Les œufs doivent être incubés à 28-30 °C et l'éclosion prend de 85 à 170 jours. À la naissance, les petits mesurent de 4,5 à 5 cm et pèsent 25-30 g.

Législation : est incluse dans l'Annexe II CITES et dans l'Annexe B du Règ. CE 338/97.

Particularités : espèce robuste et facile à élever, elle exige une grande quantité d'aliments et beaucoup d'espace. Avant de procéder à l'acquisition il faut donc réfléchir à la manière de lui fournir un logement approprié qui devra être chauffé toute l'année.

Heosemys spinosa

GRAY, 1831

NOM COMMUN : TORTUE ÉPINEUSE

Taxinomie : il n'existe pas de sous-espèces.

Origines et habitat naturel : cette espèce se trouve dans le sud de la Thaïlande, en Malaisie, à Sumatra, à Bornéo et dans de nombreuses îles d'Indonésie. Récemment, on l'a observée également aux Philippines. Dans certaines zones, elle se trouve à des altitudes de 3 000 mètres. En général, elle vit à proximité de petits cours d'eau dans les forêts et préfère des zones fraîches, ombragées et humides. Elle a l'habitude de se cacher sous la végétation et c'est à l'aube et au crépuscule qu'elle est la plus active.

Description : elle peut atteindre 23 cm de long et la plupart des spécimens mesurent environ 15 cm. La dossière, ovoïde, est aplatie sur le dos et elle est caractérisée par des écailles latérales en forme d'épines (d'où son nom) qui donnent à cette tortue un aspect très particulier. Les écailles centrales sont carénées. La dossière est marron et la carène plus claire. Le plastron et la face inférieure des écailles marginales sont jaunes avec des lignes noires partant en rayon sur chaque écaille. La tête est grisâtre ou marron, avec une petite tache jaune près du tympan.

Dimorphisme sexuel : la queue du mâle est légèrement plus longue et grosse tandis que chez la femelle adulte une articulation se forme sur le plastron pour faciliter la ponte.

Mode de vie en captivité : le terrarium doit avoir une température et un éclairage d'intensité modérée. La température se situe aux environs de 26-29 °C, de manière à créer un gra-

▼ *Dossière*

dient avec un point chaud à une extrémité et une zone plus fraîche. Le substrat idéal est constitué de terreau, de sphaigne et de feuilles sèches et l'humidité doit être maintenue à un niveau élevé par une vaporisation régulière d'eau. Il faut également avoir recours à des plantes vivantes. Environ un tiers du terrarium doit être occupé par un récipient d'eau à bord bas, dont la température doit être maintenue aux environs de 23-25 °C (toutefois les spécimens provenant d'altitude élevée peuvent préférer une température inférieure).

Alimentation : *H. spinosa* est omnivore, avec une préférence marquée pour les végétaux. Elle consomme plus volontiers les aliments jaunes et rouges tels que les tomates, les fraises et les oranges qu'il faudra compléter avec des légumes à feuilles. 10 % au maximum du régime alimentaire peut être constitué par des lombrics, des insectes et des aliments pour chiens de type allégé. Dans la nature, leur alimentation est exclusivement végétarienne. On leur offrira la nourriture le soir, et on éliminera le matin ce qui n'a pas été consommé.

Reproduction : les données sur la reproduction en captivité sont rares. Cette tortue produit 1 ou 2 œufs à la fois et effectue au maximum 3 couvées par an. Les œufs sont pondus parfois dans un nid creusé dans le sol et parfois en surface. En captivité, il faut utiliser un substrat humide constitué de terreau, de sable fin et de sphaigne. La température conseillée pour l'incubation est de 28-30 °C pendant les 35 premiers jours et de 26-28 °C les 71 jours restants. Les petits, qui, à la naissance, ont une taille de 5,5-6 cm et pèsent 34 g environ doivent être placés dans un endroit semblable à celui décrit pour les adultes, à 26-30 °C. En cas de difficultés, pour stimuler le début de la prise d'aliments, on peut leur offrir des tomates.

Législation : cette tortue n'est citée dans aucune Annexe CITES.

Particularités : parfois, cette tortue passe plusieurs jours dans l'immobilité la plus complète sans s'alimenter mais il semble qu'il s'agisse d'un comportement tout à fait normal.

▼ *Plastron*

Kinixys belliana

GRAY, 1831

NOM COMMUN :
TORTUE À DOS ARTICULÉ DES SAVANES

Taxinomie : les populations des différentes zones sont assez variables, mais pour l'instant, seules deux sous-espèces sont reconnues : *K. b. belliana* (Gray, 1831), qui occupe les parties les plus orientales et qui présente en général cinq doigts pour chacun des membres antérieurs, et *K. b. nogueyi* (Lataste, 1886), se trouvant plus à l'ouest et qui, en général, présente quatre doigts pour les membres antérieurs. Pour les deux sous-espèces, les membres postérieurs présentent toujours quatre doigts.

Origines et habitat naturel : c'est la *K. belliana* qui a l'aire de répartition la plus large du genre *Kinixys* ; en effet, elle s'étend de la Somalie vers le sud jusqu'au Swaziland et au Kwazulu-Natal, vers l'ouest jusqu'au Congo et à travers l'Afrique occidentale jusqu'au Sénégal ; elle est présente également à Madagascar où elle aurait été introduite il y a 1 500 ans. Son habitat naturel est constitué de savanes et de plaines herbeuses sèches, avec un climat caractérisé par des saisons sèches et humides bien distinctes. Pendant la saison chaude, ces tortues ont une phase d'estivation et s'enterrent dans le fond de flaques d'eau ou de boue, mais elles sont actives pendant toute la saison des pluies.

Description : la dossière, de forme allongée et au profil arrondi, peut mesurer jusqu'à 22 cm de long et présente une coloration très variable : en général, la partie centrale des écailles est jaune ou d'un rouge brun, tandis que le reste des écailles est marron foncé ou noir. Le plastron est jaune avec des stries foncées. Les doigts des pattes avant peuvent être au nombre de cinq ou de quatre. La pointe de la queue présente un tubercule corné.

Dimorphisme sexuel : la queue du mâle est plus longue et plus grosse et le plastron légèrement concave, alors qu'il est plat chez la femelle.

▼ *Spécimen adulte*

Le genre *Kinixys*

Le genre *Kinixys* est actuellement en cours d'étude, et le nombre d'espèces et de sous-espèces reconnues est révisé en permanence. Pour l'instant six espèces sont reconnues :

- *Kinixys belliana* (Gray, 1831) ;
- *Kinixys erosa* (Schweigger, 1812) ;
- *Kinixys homeana* (Bell, 1827) ;
- *Kinixys lobatsiana* (Power, 1927) ;
- *Kinixys natalensis* (Hewitt, 1935) ;
- *Kinixys spekii* (Gray, 1863).

Parmi celles-ci, les tortues que l'on trouve le plus couramment en captivité sont *K. belliana*, *K. erosa* et *K. homeana*. Toutes les tortues du genre *Kinixys*, à l'exception de *K. natalensis*, sont caractérisées (cas unique parmi les chéloniens) par une articulation présente sur la dossière et non sur le plastron. L'articulation, qui se développe chez les sujets adultes est placée entre la quatrième et la cinquième écaille médiane et la septième et la huitième écaille latérale. Elle permet au plastron de s'abaisser pour protéger les membres postérieurs et la queue. Ce sont des tortues tropicales qui ont besoin d'un milieu chaud et plus ou moins humide. Sous les climats chauds, on peut donc les élever en plein air mais, dans les régions où les températures sont plus froides, il leur faut un terrarium très spacieux et d'une longueur atteignant au moins dix fois celle de la tortue.
En général, les spécimens prélevés dans la nature arrivent à leur destinataire final dans un état précaire, déshydratés et atteints de parasitose. Il est dans ce cas nécessaire de les amener immédiatement chez le vétérinaire. Il faut donc les garder séparés des autres espèces et les surveiller pour déceler la présence de parasites intestinaux.
Ces tortues, assez délicates, plutôt difficiles à élever, s'adaptent mal à la captivité et ne conviennent pas à des débutants. Souvent, elles meurent peu de temps après leur importation.

▼ *Plastron*

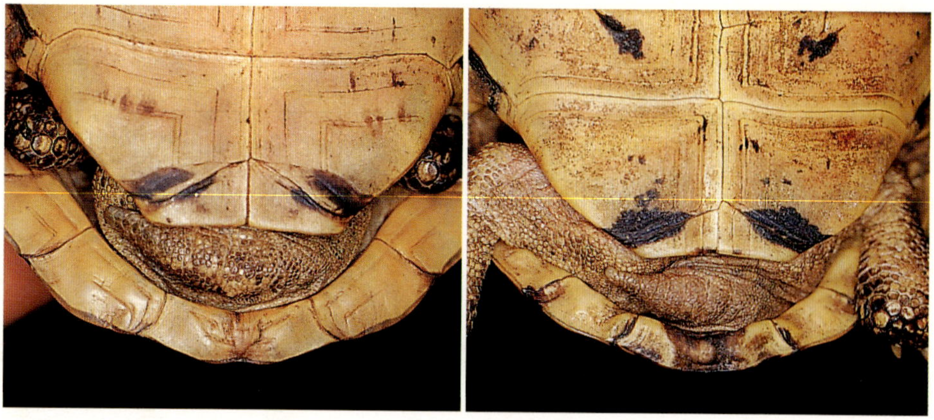

▲ *Dimorphisme sexuel : le mâle (à gauche) a une queue plus longue que la femelle*

Mode de vie en captivité : *K. belliana* a besoin d'un milieu plus sec que les autres *Kinixys*. Sous les climats chauds, pendant la saison chaude, elle peut être élevée en plein air dans un enclos avec beaucoup de végétation (qui lui assure à la fois de l'ombre et un abri) qu'il faudra régulièrement vaporiser d'eau. Il est toutefois indispensable que les animaux aient accès à une petite serre chauffée pendant les nuits froides et les journées de mauvais temps. Pendant la période froide, il est indispensable de les placer en terrarium avec une température devant varier d'une zone plus fraîche à 24 °C à un point chaud localisé à 28 °C, tandis que l'humidité doit être élevée (aux environs de 60-90 %). Pendant l'hiver, la température peut être maintenue légèrement plus basse (24 °C le jour et 18 °C la nuit) et l'humidité plus élevée, en vaporisant le terrarium plus fréquemment. Le fond idéal est constitué de terreau recouvert de feuilles sèches maintenu légèrement humide. À l'intérieur du terrarium, il est indispensable d'avoir un récipient d'eau où la tortue pourra se plonger tandis que la présence d'un refuge permet à ce reptile timide de se cacher et de se sentir en sécurité.
Les sujets provenant d'Afrique du Sud connaissent une brève période de léthargie pendant l'hiver mais, en captivité, on peut éviter cette léthargie qui risque de détériorer la santé des animaux. Toutefois si cela s'avérait nécessaire pour stimuler le début de la saison de reproduction, on pourra abaisser la température du terrarium à 12-14 °C de décembre à janvier tout en maintenant une humidité très élevée.
Les mâles sont très agressifs entre eux, surtout pendant la saison de reproduction : il est donc conseillé de n'en avoir qu'un par terrarium.

Alimentation : *K. belliana*, comme les autres *Kinixys*, est omnivore. Elle doit être alimentée avec des invertébrés (larves et insectes adultes, limaces, escargots, lombrics) une fois par semaine. Elle apprécie différents types de fruits et de légumes (salades et autres légumes à feuilles, tomates, pommes, poires, raisins, bananes, pêches, melons, oranges, mangues) et les champignons. Occasionnellement on peut lui offrir de la nourriture pour chiens à faible teneur lipidique. Il est essentiel de retirer du terrarium les aliments non consommés pendant la journée. Il est conseillé d'ajouter régulièrement à leur alimentation un bon complément minéral et vitaminique et du calcium (tous les jours pour les sujets en phase de croissance et pour les femelles en gestation).

Reproduction : les femelles atteignent leur maturité sexuelle à l'âge de 10 ans environ. Les œufs, produits pendant la saison estivale sont au nombre de 4 à 8 par couvée (il peut y avoir plusieurs couvées au cours d'une saison).
La femelle doit avoir à sa disposition un terrain meuble où elle creusera pour pondre. La température d'incubation idéale est de 30-31 °C, l'humidité de 75-80 % et le substrat peut être constitué de vermiculite humide. Le temps d'éclosion est en moyenne de 90 à 110 jours mais, dans certains cas, il peut être plus long (10 ou 12 mois dans certains cas, que ce soit en incubateur ou à l'état naturel).

Législation : est incluse dans l'Annexe II CITES et dans l'Annexe B du Règ. CE 338/97.

Kinixys erosa

SCHWEIGGER, 1812

NOM COMMUN : TORTUE ARTICULÉE RONGÉE

Taxinomie : aucune sous-espèce n'est reconnue.

Origines et habitat naturel : vit en Afrique occidentale (Gambie, Congo, Ouganda, Cabinda et Angola) dans les forêts tropicales pluviales où elle apprécie les zones humides et marécageuses et les rives des fleuves. Elle entre souvent dans l'eau et elle est capable de nager. Lorsqu'elle est sur la terre ferme, elle reste souvent cachée dans la végétation et les feuilles mortes. C'est à l'aube et au crépuscule qu'elle est la plus active.

▲ *Jeune spécimen (photo Massimo Millefanti)*

Description : c'est la plus grande des *Kinixys*, avec une longueur pouvant atteindre 32 cm. La dossière est allongée, inclinée vers le bas à l'arrière avec un bord dentelé et les écailles marginales avant sont évasées, légèrement inclinées vers le haut. Sa couleur est marron foncé et parfois le centre des écailles est jaune ou orange. Les pattes avant sont dotées de cinq doigts et la pointe de la queue présente un tubercule corné.

Dimorphisme sexuel : chez le mâle, la queue est plus longue et épaisse, les écailles gulaires du plastron se projettent plus vers l'avant et le plastron est légèrement concave.

Mode de vie en captivité : cette tortue a besoin d'un habitat chaud et humide, de lumière douce et de beaucoup de tranquillité. Pendant la saison chaude elle peut être élevée en plein air dans un enclos avec une végétation épaisse qui devra rester très humide, mais la nuit il faut la placer au chaud (sauf pendant les nuits les plus chaudes). Pendant la saison froide en revanche, il faut la garder dans un terrarium de type tropical chauffé avec des câbles placés sous le conteneur pour créer une température uniforme de 28 °C. Il n'est pas nécessaire d'éclairer le terrarium car l'éclairage de la pièce suffit. Il faut fournir une cachette où l'animal passera une bonne partie de son temps et un grand récipient rempli d'eau dans lequel il pourra se plonger.

Alimentation : semblable à celle de la *K. belliana*, même si la proportion d'aliments d'origine animale peut être moins importante et si la nourriture doit être proposée d'une manière plus espacée (toutes les deux ou trois semaines). Cette tortue accepte également des souris mortes.

Reproduction : les mâles sont particulièrement belliqueux entre eux et la parade nuptiale est assez impétueuse, semblable à celle de *T. hermanni*.
Ces tortues pondent de 1 à 4 œufs à la fois et les conditions d'incubation sont semblables à celles de *K. belliana*, même si l'humidité relative doit être supérieure (aux environs de 90 %). L'éclosion peut nécessiter de 140 à 157 jours. À la naissance les petits présentent une dossière avec un bord très dentelé et mesurent de 4 à 4,5 cm de long.

Législation : est incluse dans l'Annexe II CITES et dans l'Annexe B du Règ. CE 338/97.

Kinixys homeana

Bell, 1827

Nom commun :
Tortue articulée de Home

Taxinomie : aucune sous-espèce n'est reconnue.

Origines et habitat naturel : on trouve cette tortue en Afrique occidentale, du Libéria au Cameroun, ainsi que dans la partie orientale du Congo. Elle habite les forêts tropicales mais préfère, semble-t-il, un habitat légèrement moins humide que celui de la *K. erosa*. On sait très peu de choses sur son comportement dans la nature.

Description : la dossière est allongée et peut atteindre 23 cm de long. Elle est caractérisée par l'angle très prononcé qu'elle forme au niveau de l'articulation, ce qui fait que la partie arrière de la carapace est presque verticale. Les écailles marginales avant sont évasées et moins inclinées vers le haut que celles de la *K. erosa*, tandis que les écailles marginales arrière sont très évasées et dentelées. La couleur peut être uniforme, marron clair ou foncé ou avec des marques jaunes,

▲ *Plastron d'un mâle*
▼ *Plastron d'une femelle*

▼ *De profil : la partie arrière de la dossière est presque verticale*

◄ *Gros plan d'un spécimen adulte*

Dimorphisme sexuel : la queue du mâle est plus longue et plus grosse, son plastron est concave et plus petit.

Mode de vie en captivité : l'élevage est analogue à celui de la *K. erosa*.

Alimentation : l'alimentation est analogue à celle de la *K. erosa*.

Reproduction : dans la nature, la période minimum d'incubation est de 5 mois. Les conditions d'incubation artificielle sont probablement semblables à celles de la *K. erosa*. Les petits mesurent à la naissance de 4,2 à 4,7 cm de long et le bord de leur carapace est très dentelé.

Législation : est incluse dans l'Annexe II CITES et dans l'Annexe B du Règ. CE 338/97.

ou bien on peut constater la présence d'un bord foncé sur les écailles centrales et latérales. Le plastron est marron clair ou foncé avec des bords jaunes. Les pattes avant sont dotées de cinq doigts et la pointe de la queue présente un tubercule corné.

▼ *Deux spécimens avec des couleurs différentes*

Terrapene carolina LINNAEUS, 1758

NOM COMMUN : TORTUE BOÎTE DE CAROLINE

Taxinomie : six sous-espèces sont reconnues dont certaines sont très rares.
• *T. c. bauri* (Taylor, 1895), Tortue boîte de Floride. Aire de répartition : péninsule de Floride et îles Keys. En général, elle est dotée de trois doigts (ou griffes) sur les membres arrière. La dossière est ornée de lignes d'un jaune vif disposées en rayons et deux bandes caractéristiques sont visibles de chaque côté de la tête.
• *T. c. carolina* (Linnaeus, 1758). Aire de répartition : Maine du sud, Géorgie, Michigan, Illinois et Tennessee. Elle possède quatre doigts à chaque patte et sa coloration est variée ; elle est souvent marron avec des bandes jaunes ou orange qui partent en rayons de chaque aréole.
• *T. c. major* (Agassiz, 1857), Tortue boîte du Golfe. Aire de distribution : régions côtières du golfe du Mexique. La dossière est souvent dénuée de dessins et parfois très foncée.
• *T. c. mexicana* (Gray, 1849), Tortue boîte du Mexique. Aire de distribution : une petite partie du Mexique entre Tamaulipas, San Luis Potosí et Veracruz. Elle est dotée de trois doigts par membre et sa coloration est très semblable à celle de la *T. c. triunguis*, mais elle est parfois jaune clair avec le bord des écailles foncé.
• *T. c. triunguis* (Agassiz, 1857), Tortue boîte à trois doigts (ou griffes). Aire de distribution : du sud du Missouri à l'Alabama et au Texas. En général, ses membres arrière sont dotés de trois doigts. La couleur de sa dossière est généralement marron clair ou vert olive. Des taches orange ou jaunes sont souvent présentes sur la tête et les membres avant, mais en général, la tête du mâle est complètement rouge.
• *T. c. yucatana* (Boulenger, 1895), Tortue boîte du Yucatan. Aire de distribution : péninsule du Yucatan. Elle est dotée de trois doigts par membre et sa dossière est marron clair ou paille avec des taches foncées en rayons ou avec des écailles bordées de sombre.
Dans nos pays, l'on trouve surtout dans le commerce des spécimens de *T. c. carolina* et de *T. c. triunguis*.

Origines et habitat naturel : l'habitat naturel de cette espèce est constitué de clairières situées près de régions boisées, de prairies, de bosquets et de zones marécageuses.
Cette tortue aime les milieux humides et les climats tempérés et passe beaucoup de temps enterrée dans la boue ou la terre humide ; on observe un pic d'activité avant et après les tempêtes estivales.
Une grande partie de son activité est consacrée à la recherche de la nourriture. Pendant la saison froide elle entre en léthargie.

▼ *En partant de la gauche : dossière et plastron de* T. c. carolina

▲ *Nouveau-nés de* T. carolina *: l'articulation n'est pas encore présente*

▲ *Gros plan de* T. c. triunguis

Description : sa longueur est d'environ 20 cm, avec une dossière très arrondie et un plastron doté d'une articulation qui lui permet de se fermer hermétiquement (d'où son nom de tortue boîte). Cette articulation n'est pas présente à la naissance et se développe au bout d'un an ou deux.

Dimorphisme sexuel : la différenciation des sexes n'est pas simple, surtout avant la maturité sexuelle (aux environs de 7 à 10 ans). La queue du mâle est souvent plus longue et plus grosse, l'ouverture cloacale est plus éloignée de la base de la queue et le plastron présente parfois une convexité plus ou moins prononcée. Le mâle de *T. c. triunguis* peut avoir la tête rouge foncé. L'iris de l'œil du mâle est souvent rouge alors que chez la femelle, il est marron. La femelle peut en outre présenter une dossière en forme de coupole plus accentuée. Les ongles des membres arrière sont courts et recourbés chez le mâle, ils sont plus longs et droits chez la femelle.
Pour distinguer les mâles et les femelles on peut également observer (si on y parvient) leur comportement reproducteur (accouplement et ponte) il peut en outre arriver que le mâle sorte son pénis pendant qu'il est dans l'eau, ce qui constitue un comportement normal, même si on n'en connaît pas vraiment la signification.

Mode de vie en captivité : l'idéal est de placer cette tortue dans un enclos en plein air avec de grandes surfaces ombragées, doté d'une caisse/refuge dans laquelle l'animal pourra se cacher et fuir la chaleur. Il faut en outre toujours laisser à sa disposition un récipient plein d'eau auquel il pourra accéder et d'où il pourra sortir facilement. La profondeur maximum de l'eau doit représenter un quart de la longueur de sa carapace : en effet, ces tortues ne sont pas capables de nager et risqueraient de se

▲ *En partant du haut : dossière et plastron de* T. c. triunguis

noyer dans une eau plus profonde. En outre, étant donné qu'elles défèquent souvent pendant leur bain, il faut veiller à ce que l'eau reste très propre. Il est indispensable d'assurer une humidité de l'air élevée pour garantir la bonne santé de ce chélonien, il est par conséquent conseillé de vaporiser tous les jours de l'eau dans l'enclos.

S'il est nécessaire de placer ces reptiles dans un terrarium (solution beaucoup moins satisfaisante qu'un élevage en plein air) il faudra utiliser une ampoule à UVB, et placer un petit refuge à l'intérieur du terrarium et laisser à la disposition des reptiles un récipient plein d'eau dans lequel ils pourront se plonger. La source de chaleur peut être une ampoule créant un point chaud localisé (30 °C au maximum) avec une zone plus fraîche à 20 °C. Dans le terrarium aussi il est indispensable de créer une humidité élevée aux environs de 60-80 %, en vaporisant de l'eau, tous les jours, si nécessaire. Pour favoriser l'humidité on doit utiliser un substrat constitué de terreau et d'écorces fines, additionné d'eau : cela permet aux tortues de s'enterrer si besoin est.

Les tortues boîtes sont des animaux assez grégaires et peuvent vivre en petit groupe. Il est indispensable qu'elles entrent en léthargie tous les automnes.

Alimentation : *T. carolina* est une tortue omnivore qui a besoin d'un régime le plus varié possible, composé pour moitié d'aliments d'origine végétale (par exemple ceux utilisés pour *T. hermanni*, avec un ajout de fruits) et pour moitié d'aliments d'origine animale (insectes, escargots, lombrics, granules pour truites et croquettes réhydratées pour chiens à faible teneur en lipides). Les spécimens jeunes sont plus carnivores mais leur alimentation doit de toute façon contenir un certain pourcentage de végétaux pour éviter une croissance trop rapide. Les aliments doivent être coupés en petits morceaux pour être ingérés plus facilement et il faudra compléter leur alimentation avec des vitamines et des minéraux. Les tortues adultes peuvent être alimentées un jour sur deux.

Reproduction : l'accouplement a généralement lieu au printemps mais parfois en été et en automne également. La ponte a lieu de mai à juillet dans la nature mais, en captivité, elle peut s'étendre jusqu'au mois d'août.

Les *T. c. carolina* et *T. c. triunguis* pondent généralement de 3 à 5 œufs à la fois et les couvées peuvent être au nombre de 5 ou 6 par saison. L'incubation, qui nécessite un taux d'humidité élevé (90 % ou plus), de 26-28 °C dure en moyenne de 70 à 85 jours. Les petits mesurent de 2,8 à 3 cm et pèsent environ 7 g. À la naissance, la dossière est marron grisâtre avec une carène centrale, tandis que le plastron est jaune ou crème avec un dessin marron central. Les petits doivent être placés dans un substrat de mousse et d'écorces où ils pourront facilement s'enterrer, et qui devra être humidifié fréquemment par nébulisation. Il faut en outre leur fournir un petit récipient d'eau pour boire et se baigner. Il est indispensable que les petits soient exposés aux rayons ultraviolets : l'idéal serait de les laisser périodiquement au soleil pendant quelques heures, en

▲ *Accouplement de* Terrapene

prenant toutes les précautions pour qu'ils n'aient pas trop chaud et en les surveillant attentivement. Toutefois si cela n'est pas possible, il faudra utiliser une ampoule à ultraviolets.

Législation : est incluse dans l'Annexe II CITES et dans l'Annexe B du Règ. CE 338/97.

Particularités : les spécimens prélevés dans la nature sont souvent déshydratés, stressés et souffrent d'infestations parasitaires. Lorsque l'on manipule ces tortues il faut être prudent car on risque de se coincer un doigt dans la carapace lorsque l'animal rentre à l'intérieur.

▼ *Détails du membre antérieur de* T. c. triunguis

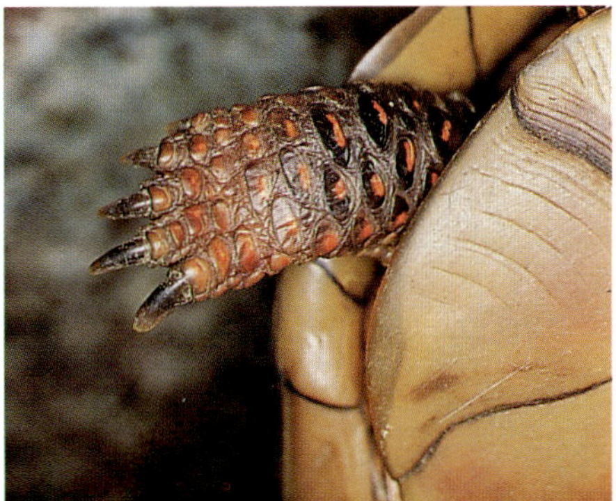

Terrapene ornata

AGASSIZ, 1857

NOM COMMUN : TORTUE BOÎTE ORNÉE

Taxinomie : il existe deux sous-espèces : *T. o. ornata* (Agassiz, 1857) et *T. o. luteola* (Smith et Ramsey, 1952).

Origines et habitat naturel : on la trouve au centre et au sud des États-Unis et au nord du Mexique où elle vit dans des prairies et des étendues herbeuses à végétation basse. Elle préfère un habitat plus sec que la *T. carolina*, mais elle passe les heures les plus chaudes de la journée dans des flaques d'eau ou à l'ombre.

Description : elle peut atteindre 14 cm de long. La dossière est arrondie, marron foncé ou marron rougeâtre et avec des lignes jaunes sur chaque écaille. Le plastron présente une articulation comme celle de la *T. carolina*. En général, les pattes sont dotées de quatre doigts, plus rarement, de trois.

Dimorphisme sexuel : la taille de la femelle est supérieure à celle du mâle et son iris est d'un jaune marron, tandis que chez les mâles l'iris est généralement rouge. En outre, chez le mâle le premier doigt du membre postérieur est plus gros et plus large, la tête est généralement verdâtre et il présente des écailles orange et rouges sur les pattes (chez les adultes). La tête de la femelle en revanche est marron et l'on remarque la présence d'écailles jaunes sur les pattes.

Mode de vie en captivité : les conditions d'élevage sont analogues à celles de la *T. carolina*. Il est important que la *T. ornata* ait la possibilité de creuser dans le sol pour trouver un microclimat humide, fuir la chaleur et se défendre contre la déshydratation. Les spécimens provenant de régions plus au nord entrent en léthargie l'hiver tandis que celles des régions plus méridionales restent partiellement actives même pendant la saison froide.

▼ *En partant de la gauche : dossière et plastron de* T. ornata *venant de naître*

▲ *Spécimen adulte*

◀ *Dossière*

◀ *Plastron*

Alimentation : *T. ornata* est omnivore mais elle a une préférence marquée pour une alimentation carnée. Les aliments qui lui conviennent sont les mêmes que ceux donnés à la *T. carolina.*

Reproduction : dans la nature, l'accouplement a lieu au printemps, plus rarement l'été et les œufs sont pondus de mai à mi-juillet. Un tiers des femelles effectue ensuite une deuxième couvée. À chaque couvée, la femelle pond en moyenne 6 œufs mais ce nombre peut varier de 1 à 8 ; l'incubation naturelle dure en moyenne 70 jours. Les petits sont dotés d'une dossière arrondie de 3 cm de long, d'une couleur marron foncé ou noirâtre avec des taches jaunes et une bande jaune le long des écailles vertébrales. En revanche, le plastron est jaune ou crème, avec un dessin foncé au centre. L'articulation devient fonctionnelle au bout de la quatrième année. L'incubation artificielle est semblable à celle de la *T. ornata.*

Législation : est incluse dans l'Annexe II CITES et dans l'Annexe B du Règ. CE 338/97.

Particularités : cette tortue ne convient absolument pas aux débutants. En effet, *T. carolina* est une espèce difficile à élever, qui exige des conditions environnementales précises, difficiles à reproduire en captivité. La plupart des spécimens prélevés dans la nature meurent rapidement.

◄ *Spécimen nouveau-né*

▼ *Détail du membre arrière d'un mâle*

Testudo graeca

LINNAEUS, 1758

NOM COMMUN : TORTUE MAURESQUE (OU TORTUE TURQUE, APPELÉE PARFOIS, À TORT, TORTUE GRECQUE)

Taxinomie : la classification de *T. graeca* est très controversée et à l'heure actuelle elle est en cours de révision. Les quatre sous-espèces officiellement reconnues jusqu'à présent sont :

- *T. g. graeca* (Linnaeus, 1758), répandue au Maroc, en Algérie, en Tunisie et en Libye.
- *T. g. ibera* (Pallas, 1814), répandue dans la région centrale des Balkans jusqu'à la mer Noire, en Turquie et en Iran.
- *T. g. terrestris* (Forskal, 1775), répandue en Libye, en Syrie, dans le sud-ouest de la Turquie, en Israël et dans le Sinaï.
- *T. g. zarudnyi* (Nikolski, 1896), répandue dans l'est et le sud de l'Iran.

Toutefois, récemment, des changements importants ont été proposés dans cette classification : *T. g. ibera* et *T. g. zarudnyi* (qui est extrêmement rare) devraient être considérées comme une espèce à part ; *T. g. terrestris* n'existerait plus comme sous-espèce et deviendrait une variété de *T. g. ibera* ; la population de la Tunisie constituerait une espèce en soi, identifiée sous le nom de *Furculachelys nabeulensis* (voire constituerait un autre genre sur la base de différences anatomiques de la structure osseuse par rapport à la *T. graeca*) ; enfin, certaines populations d'Algérie sont déjà depuis longtemps considérées comme une espèce à part, identifiée sous le nom de *Furculachelys whitei* (de plus grandes dimensions que la *T. graeca* – la femelle mesure de 28 à 30 cm – avec une dossière plus allongée présentant souvent un bord arrière évasé comme celui de la *T. marginata*.). Elle pond de 12 à 14 œufs. Ajoutons les précisions suivantes : *T. g. ibera* présente des variations morphologiques locales assez importantes et il a été proposé la constitution d'une sous-espèce. Dans le nord-ouest de la Transcaucasie, la dénomination *T. g. nikolskii* a été proposée, tandis qu'au sud-ouest de la Turquie on l'appelle *T. g. anamurensis*.

En résumé, donc, il est assez difficile de reconnaître les sous-espèces non seulement parce qu'une certaine confusion règne au niveau de la taxonomie mais aussi parce qu'il existe de nombreuses variations de couleurs, de formes et de dimensions chez les spécimens provenant de différentes régions. Pour l'heure, sachez que la législation se réfère uniquement au schéma « officiel » indiqué au début du paragraphe. Pour la description qui suit, nous nous sommes référés uniquement aux *T. g. graeca* et *T. g. ibera*, c'est-à-dire les espèces (ou sous-espèces !) les plus répandues.

Origines et habitat naturel : *T. g. graeca* est originaire d'Afrique du Nord et vit dans un habitat semi-aride constitué par des fourrés et caractérisé par des variations saisonnières du climat et

▲ *Spécimen adulte*

▲ *En partant du haut : dossière et plastron d'un mâle et dossière et plastron d'une femelle. On remarquera la différence de couleur entre les différents sujets*

de la disponibilité de fourrages verts. Dans les régions méridionales de son aire de répartition, elle est active pendant la période hivernale car le climat est doux tandis que pendant les saisons chaudes elle entre en estivation souterraine. Dans les zones septentrionales elle entre en léthargie pendant plusieurs mois d'hiver mais elle est active en été.
T. g. ibera a une aire de répartition assez vaste, allant de la Turquie au nord-est de la Grèce, de l'Iran à l'Irak, de la Jordanie à la Syrie et jusqu'à la Géorgie. Son habitat, qui va du niveau de la mer à une altitude de 2 700 mètres, est constitué de plaines sèches, de collines buissonneuses et de fourrés.

Description : les dimensions sont très variables pour les différentes populations . La *T. g. graeca* a une longueur moyenne de 13 cm pour le mâle tandis que la femelle est beaucoup plus grande avec une moyenne de 18 cm. *T. g. ibera* est plus grande : les dimensions moyennes du mâle sont de 18 cm et celles de la femelle de 20 cm mais elles peuvent être supérieures. La carapace est ovoïde en forme de coupole et lisse. L'écaille supracaudale est généralement unique mais chez certains spécimens elle est divisée, comme chez *T. hermanni* (chez qui toutefois la cinquième écaille centrale est beaucoup plus large que la quatrième, à la différence de *T. graeca* où la cinquième écaille centrale est plus étroite que la quatrième). Le bord postérieur est plus ou moins évasé et légèrement dentelé. La face arrière des cuisses, sur les côtés de la queue, présente un tubercule corné caractéristique, tandis que la pointe de la queue est arrondie et que le tubercule caractéristique de *T. hermanni* est absent. La dossière peut être jaune ou marron avec des parties pigmentées de couleur foncée et de taille très variable qui peuvent la rendre presque complètement noire. Le plastron est jaune, marron ou noir et des parties foncées de dimensions variables peuvent être présentes. Chez la femelle adulte, on remarque sur le plastron une articulation qui rend la partie arrière légèrement mobile.

Dimorphisme sexuel : le mâle adulte est plus petit, sa queue est plus large et plus longue et

▲ *En partant de la gauche : dossière et plastron d'un spécimen jeune*

l'ouverture cloacale est plus éloignée de la base de la queue.

Mode de vie en captivité : *T. g. graeca* s'adapte assez mal à la captivité et rares sont les spécimens qui vivent longtemps. Pour reproduire artificiellement les conditions environnementales appropriées il faut connaître la zone d'origine de la tortue et savoir s'il s'agit d'un spécimen qui entre en léthargie ou en estivation. Il faut l'isoler rigoureusement des autres espèces et des sujets provenant d'autres lieux géographiques ; dans le cas contraire, le nombre de maladies infectieuses et parasitaires augmente notablement. En hiver, la tortue entre en léthargie mais les animaux provenant de régions méridionales du Maroc doivent être placés dans un endroit chauffé pendant l'hiver. *T. g. ibera* est une tortue beaucoup plus résistante qui s'adapte bien à nos climats. Elle a besoin d'un enclos en plein air sec et ensoleillé, avec un accès permanent à de l'eau. En hiver, elle entre en léthargie.

Alimentation : l'alimentation, strictement végétarienne et riche en fibres et en calcium est semblable à celle des tortues *T. hermanni*, à la différence que la *T. graeca* consomme une plus grande quantité de fleurs.

Reproduction : la reproduction en captivité de *T. g. graeca* est un événement assez rare. En général elle pond de 4 à 5 œufs par couvée qui peuvent être incubés à une température de

▼ *Dimorphisme sexuel révélé par la queue et les écailles anales : à gauche, le mâle, à droite, la femelle*

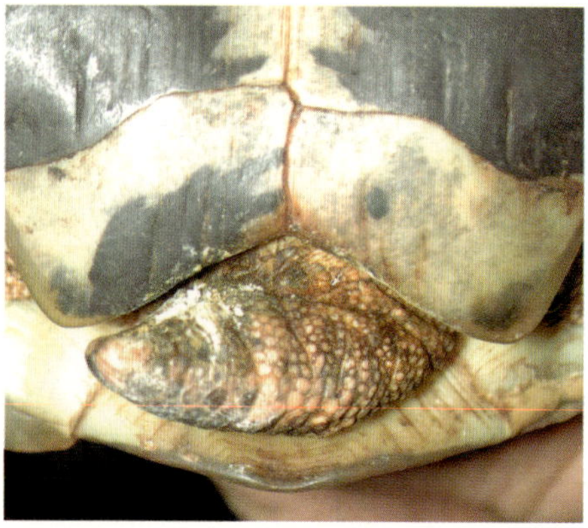

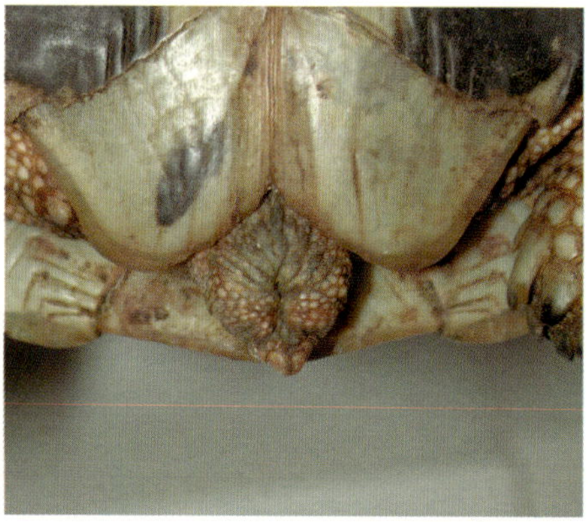

Furculachelys nabeulensis (Highfield, 1990)

Originaire de la région côtière de Tunisie, au climat chaud et sec, *F. nabeulensis* est une tortue de petite taille : les mâles ne dépassent pas 13 cm et les femelles 16,5 cm. La carapace est d'un jaune clair avec l'aréole et les bords antérieurs et latéraux des écailles noirs. Les pattes sont crème clair et noir et souvent l'on observe une tache jaune centrale au-dessus de la tête.

▲ Furculachelys nabeulensis

C'est un animal assez délicat, qui ne supporte pas le froid et l'humidité et qui doit être isolé des autres espèces de tortues pour éviter la transmission de maladies infectieuses et parasitaires contre lesquelles il n'a pas de défenses. Pendant la saison chaude, il faut placer la tortue en plein air dans un enclos sec et ensoleillé où elle pourra se nourrir de la végétation qui pousse naturellement. Pendant les journées de mauvais temps et la saison froide il faut la mettre dans un endroit chaud avec une plage de températures allant de 20 à 26 °C le jour et une température plus basse pouvant atteindre 15 °C la nuit. Il est nécessaire de placer dans le terrarium une lampe à ultraviolets UVA et UVB. Il ne faut absolument pas qu'elle hiverne.
Cette tortue, rigoureusement herbivore, doit être alimentée comme la *T. hermanni*.
Pour l'instant elle ne figure dans aucune Annexe CITES, et du point de vue de la législation elle est considérée comme une *T. graeca*.

30,5 à 31,5 °C avec une humidité de 75-80 %. Les petits naissent au bout de 68-70 jours, et mesurent 2,8 cm de long et pèsent 7-8 g. La *T. g. ibera*, beaucoup plus robuste que la *T. g. graeca*, se reproduit assez facilement en captivité. Selon Andy C. Highfield, spécialiste d'herpétologie, les probabilités de succès sont plus élevées si l'on accouple des sujets semblables génétiquement. Le nombre d'œufs pondus est en général de 6 à 8 mais il peut varier de 4 à 12. Les œufs, incubés à 30 °C, peuvent éclore en 60-80 jours. À la naissance, les petits pèsent de 14 à 16 g et mesurent de 3,2 à 3,4 cm.

Législation : est incluse dans l'Annexe II CITES et dans l'Annexe B du Règ. CE 338/97.

Particularités : *T. graeca* n'a pas été baptisée ainsi par Linnée parce qu'elle vient de Grèce mais parce que les écailles de sa carapace rappellent une mosaïque grecque.
T. ibera avait été considérée comme une espèce à part en 1814 par Peter Simon Pallas, naturaliste allemand ; en 1946, l'herpétologue allemand Robert Mertens l'a déclassée et en a fait une sous-espèce de *T. graeca,* ce qui a donné lieu bien entendu à des polémiques très vives entre les spécialistes de taxinomie.

Testudo hermanni

Gmelin, 1789

Nom commun : Tortue d'Hermann

Taxinomie : à l'heure actuelle, il y a deux sous-espèces reconnues : la *T. h. hermanni* (Gmelin, 1789), se trouvant essentiellement à l'ouest et *T. h. boettgeri* (Mojsisovics, 1889), la forme orientale. On considère de toute façon que *T. hermanni*, en tant qu'espèce, est composée de différentes populations dont certaines seront reconnues dans l'avenir comme des sous-espèces. En particulier, la *T. h. boettgeri* présente un grand nombre de colorations, de formes et de dimensions différentes tandis que les *T. h. hermanni* constituent une population plus homogène.
Il règne une certaine confusion quant à la dénomination des sous-espèces : jusqu'en 1987, la forme occidentale *T. h. hermanni*, était désignée sous le nom de *T. h. robermertensi*, et la forme orientale, *T. h. boettgeri*, sous le nom de *T. h. hermanni*.

Origines et habitat naturel : *T. hermanni* est originaire du sud de l'Europe : est de l'Espagne, sud de la France, Corse, Italie centrale et méridionale (y compris la Sicile et la Sardaigne), îles Baléares, Balkans, pays de l'ex-Yougoslavie, Albanie, Bulgarie, Roumanie, Grèce et Turquie. Dans cette aire, la répartition des populations est très discontinue. *T. h. boettgeri* est la sous-espèce orientale qui se trouve dans les Balkans tandis *T. h. hermanni* occupe les régions occidentales (Espagne, France et Italie). L'habitat naturel de *T. hermanni* est constitué par des forêts de chênes mais la destruction de cet environnement a obligé cette tortue à occuper le maquis méditerranéen sur des collines buissonneuses et arides. Pendant les heures les plus chaudes des journées estivales, elle se réfugie à l'ombre et elle est plus active le matin et tard le soir.

Description : il y a une différence de taille entre les mâles et les femelles et entre les deux sous-espèces. Pour les *T. h. hermanni*, les mâles arrivent jusqu'à 14 cm et les femelles à

▼ *Dimorphisme sexuel de* T. h. hermanni *: à gauche la femelle, à droite le mâle*

▲ *Plastron de* T. h. boettgeri

16,5 cm tandis que chez les *T. h. boettgeri* ils atteignent respectivement 19 et 20 cm, bien que l'on trouve des femelles mesurant jusqu'à 26 cm. Le record de longueur appartient à une femelle de *T. h. boettgeri* que l'on a retrouvée en 1918 en Bulgarie et qui mesurait 30,3 cm. La dossière est moyennement convexe et a une forme de coupole. Les écailles ont une coloration à base de jaune olive avec des régions noires qui, sur les écailles vertébrales et costales, couvrent les parties avant et latérales et qui, sur les écailles marginales, couvrent les parties avant et inférieures. En outre, on remarque une écaille nucale longue et étroite. L'écaille supracaudale est divisée en deux pour presque tous les spécimens. Le plastron est jaune marron clair avec des zones noires qui, chez les *T. h. hermanni*, forment deux bandes longitudinales parallèles et qui, chez les *T. h. boettgeri*, forment des lignes discontinues. Il n'y a pas d'articu-

▲ *Spécimen de* T. hermanni *d'une couleur insolite*

▲ *Détail de la partie postérieure d'un mâle : l'écaille est divisée en deux (caractéristique de cette espèce) et repliée vers le bas, tandis que la queue est assez grande et comporte un éperon corné caractéristique sur la pointe*

▲ *Détail de la partie postérieure d'une femelle. Il s'agit d'un sujet atypique dont l'écaille supracaudale n'est pas divisée. La queue est d'une dimension inférieure à celle du mâle (et également dotée d'un éperon corné) et l'écaille supracaudale, moins repliée que celle du mâle*

lations dans le plastron. Pour les deux sexes on retrouve sur la pointe de la queue une griffe cornée caractéristique.

Dimorphisme sexuel : il n'est pas difficile de distinguer les sexes chez les spécimens adultes. En effet, le mâle est de taille inférieure et présente un plastron légèrement concave, alors qu'il est plat chez la femelle. En outre, chez le mâle, la queue est plus longue et plus grosse, et l'ouverture cloacale est plus distante de la base de la queue et l'angle formé par les écailles anales du plastron est plus ouvert. Toujours chez le mâle, l'écaille supracaudale est incurvée vers le bas et vers la queue, tandis que chez la femelle, elle est dans l'alignement du reste de la dossière.
Chez les spécimens non encore parvenus à maturité, on peut se référer à l'angle formé par les écailles anales du plastron qui forment, chez les nouveau-nés, un angle plus large pour le mâle et plus étroit pour la femelle.

Mode de vie en captivité : cette tortue, originaire de la région méditerranéenne, peut parfaitement être élevée en plein air dans le sud de la France. Le milieu idéal est un enclos en plein air, ensoleillé mais avec des zones ombragées et doté d'un abri pour les heures les plus froides. Dans la nature, *T. hermanni* entre en léthargie de novembre à avril. Lorsque la température augmente beaucoup ces tortues subissent une période d'estivation. S'il est nécessaire de les placer en terrarium il faudra maintenir une température diurne de 26 °C et une température nocturne de 18-26 °C.

Alimentation : *T. hermanni* est complètement végétarienne et a besoin d'un régime riche en fibres et en calcium. Une erreur courante pour l'alimentation de ces animaux consiste à leur fournir un régime composé exclusivement de salades et de tomates, très pauvre d'un point de vue nutritionnel, qui crée de graves problèmes de croissance. Ces reptiles devraient plutôt s'alimenter d'herbes et d'autres plantes qui poussent d'une manière naturelle et qu'ils peuvent consommer en paissant, comme cela se passe dans la nature. Il faut absolument éviter en revanche les protéines d'origine animale et il faut leur laisser de l'eau à boire à disposition.

Reproduction : la saison de reproduction commence peu après le réveil de la léthargie et se poursuit pendant tout l'été. Pendant la parade nuptiale, le mâle poursuit activement la femelle en lui mordant les pattes et la tête, ce qui peut provoquer de graves lésions. Ce n'est pas tout : l'éperon corné présent sur la queue et utilisé pour stimuler la femelle au niveau de la région cloacale peut provoquer des lésions soit dans cette région même soit sur le dos de la queue à l'endroit où la peau rejoint la dossière.
Dans la nature, la ponte a lieu en mai et en juin et plusieurs couvées sont possibles pendant l'année. La *T. h. hermanni* pond en moyenne 3 œufs par couvée et les petits pèsent de 9 à 10 g à la naissance ; la *T. h. boettgeri* pond de 5 à 8 œufs en moyenne et

les petits pèsent de 12 à 14 g. Les petits naissent toujours entre la fin août et le début septembre et la sortie de l'œuf a souvent lieu pendant une période de pluie.
Si l'éclosion n'a pas lieu avant l'arrivée de la saison froide, les petits peuvent hiverner à l'intérieur de l'œuf et sortir au printemps suivant. Si les œufs sont incubés artificiellement à 30-33 °C, l'éclosion se fait en 8 ou 9 semaines. La température d'incubation influe sur le sexe des nouveau-nés : au-dessus de 31,5 °C ce sont des femelles qui naissent, en dessous ce sont des mâles.

Législation : est incluse dans l'Annexe II CITES et dans l'Annexe B du Règ. CE 338/97.

▼ *En partant de la gauche : nouveau-nés de* T. h. hermanni *et de* T. h. boettgeri *;*
en bas, plastrons de ces mêmes nouveau-nés

Testudo (Agrionemys) horsfieldii Gray, 1844

Nom commun : Tortue des steppes

Taxinomie : trois sous-espèces sont reconnues actuellement : *T. h. horsfieldii* (Gray, 1844), *T. h. kazakhstanica* (Chkhikvadze, 1988) et *T. h. rustamovi* (Chkhikvadze, Amiranashvili et Ataev, 1990). L'attribution du genre est actuellement débattue : selon certains auteurs cette tortue devrait faire partie du genre *Agrionemys*.

Origines et habitat naturel : cette tortue se trouve sur une zone assez vaste, de la côte sud-orientale de la mer Caspienne jusqu'à l'Iran, l'Afghanistan et le Pakistan, et à l'est jusqu'à la Chine occidentale. Elle vit dans des milieux arides avec des écarts climatiques importants, par exemple les déserts rocheux et les steppes des régions montagneuses jusqu'à une altitude de 1 600 mètres (mais certains spécimens ont été trouvés jusqu'à 2 300 mètres).
On les trouve plus fréquemment près de points d'eau où la végétation est plus abondante. Pour se protéger contre les températures extrêmes, elles creusent dans le sol des galeries pouvant atteindre 2 mètres de long, et occupent parfois les tanières abandonnées par des mammifères. Dans la partie plus au nord de leur aire de distribution, elles entrent en léthargie pendant l'hiver, alors que plus au sud, elles connaissent une phase d'estivation.

▼ *La* T. horsfieldi *est caractérisée par une dossière plus aplatie que les autres* Testudo

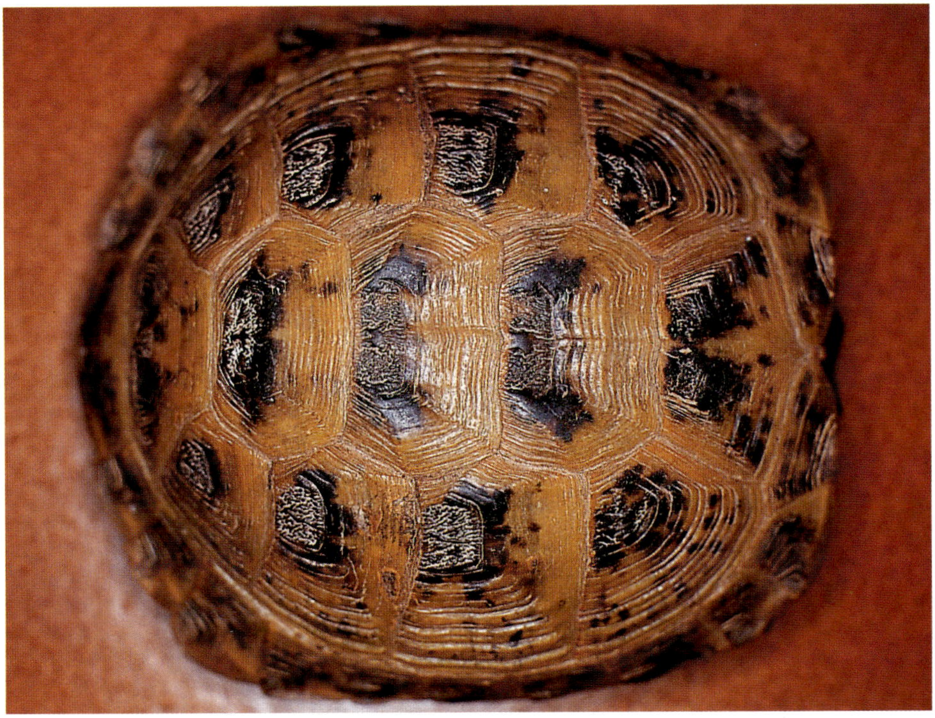

▲ *Dossière d'une femelle*

▼ *Plastron d'une femelle*

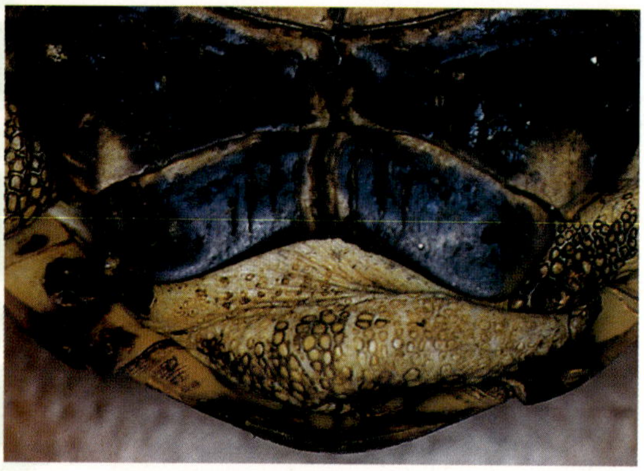

▲ *Détail des écailles supracaudales et de la queue d'un mâle*

▲ *Les membres avant sont dotés de quatre doigts chacun*

Description : ses dimensions varient de 17 à 22 cm environ. La dossière est arrondie et aplatie et il y a une seule écaille supracaudale. La couleur de la carapace varie du marron clair au jaune-brun, avec des dessins marron foncé. Le plastron n'est pas doté d'articulations et il est généralement noir, le bord des écailles étant marron (chez certains sujets il est complètement noir). La peau est jaunâtre : sur les côtés de la queue, sur la pointe de laquelle se trouve une griffe cornée, on constate souvent la présence de tubercules, plus grands chez les mâles. La présence de quatre doigts seulement pour tous les membres est assez caractéristique.

Dimorphisme sexuel : les mâles sont plus petits, leur queue est plus longue et plus épaisse et l'ouverture cloacale est placée plus loin de la base de la queue.

Mode de vie en captivité : pour qu'elle vive en captivité il est essentiel de lui assurer des conditions climatiques appropriées : la *T. horsfieldii* a besoin d'un habitat aride. Il faut donc installer un enclos en plein air sur un sol ensoleillé sec et bien drainé (un fond herbeux ou un terrain humide provoque des problèmes de santé). Il faut qu'il y ait quelques buissons et que la clôture mesure au moins 45 cm de haut. Pour la protéger du froid, il faut, en outre, installer une petite serre dans un endroit ensoleillé. Il faut veiller à ce qu'elle ne s'échappe pas : en effet, elle grimpe avec une certaine habileté et peut creuser de profonds tunnels. Elle s'adapte bien au froid sec mais un climat froid et humide pourrait lui être rapidement fatal. Cette tortue s'adapte mal à la vie en terrarium, parce qu'il est difficile de créer à l'intérieur un microclimat approprié. Si on ne peut pas l'élever en plein air il est donc préférable de construire, au lieu d'un terrarium, un enclos de 2 mètres de côté, environ, doté de lampes UVB et d'une ampoule chauffante créant un point chaud localisé, avec un substrat de graviers et de sable d'une profondeur d'au moins 10 cm et quelques cachettes. Le milieu doit être sec car ce chélonien ne supporte pas l'humidité. Les spécimens récemment importés ne doivent jamais hiverner le premier hiver et doivent être gardés au chaud.

Alimentation : comme la *T. hermanni*, cette tortue doit être alimentée avec des herbes, des végétaux à feuilles et des fleurs. Il est essentiel de toujours lui laisser de l'eau.

Reproduction : dans la nature, cette tortue atteint la maturité sexuelle à un âge variant de 7 à 10 ans. L'accouplement, qui a lieu au printemps, au réveil après la léthargie, est précédé par une forme de rite nuptial assez agressif au cours duquel le mâle poursuit la femelle et lui mord les pattes et la tête. Les œufs sont pondus au bout de 8 semaines, en juin, et éclosent en août ou en septembre. Les couvées comprennent en général de 3 à 5 œufs (mais il peut y en avoir jusqu'à 20) et se répètent de deux à quatre fois. Les œufs peuvent être incubés artificiellement à 30,5 °C avec un temps d'éclosion de 60-75 jours. À la naissance, les petits présentent une dossière arrondie, jaune et noire, ils mesurent entre 3,2 et 3,4 cm et pèsent de 9 à 12 g.

Législation : est incluse dans l'Annexe II CITES et dans l'Annexe B du Règ. CE 338/97.

Testudo marginata SCHOEPFF, 1792

NOM COMMUN : TORTUE DE GRÈCE

Taxinomie : récemment l'on a identifié une population du Péloponnèse, d'une taille plus réduite, qui a été proposée en tant qu'espèce à part sous le nom de *T. weissingeri* (Bour, 1995). La population sarde a été décrite comme une sous-espèce à part (*T. m. sarda*, Mayer, 1992), mais par la suite on a considéré qu'il ne s'agissait que d'une forme de *T. marginata*.

▲ *Les écailles marginales arrière sont particulièrement évasées*

▼ *Gros plan de la tête*

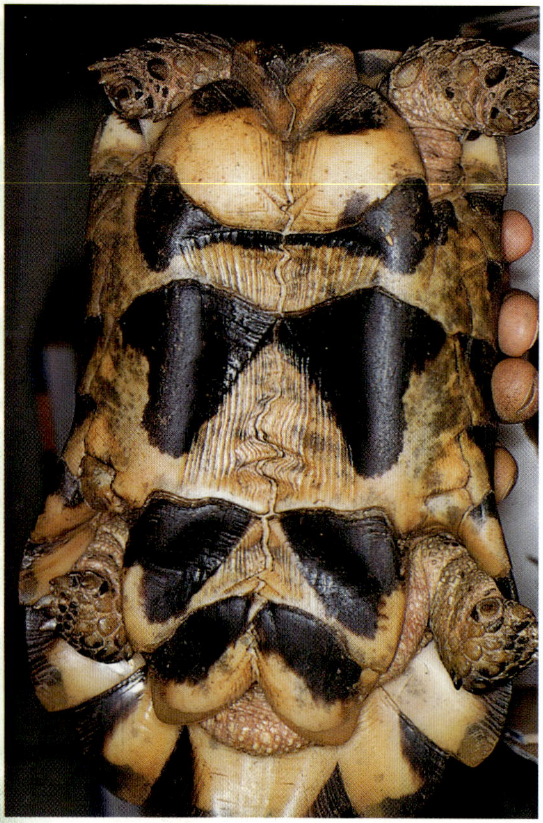

▲ *Plastron d'un mâle*

▼ *Détail de la queue et des écailles supracaudales d'une femelle*

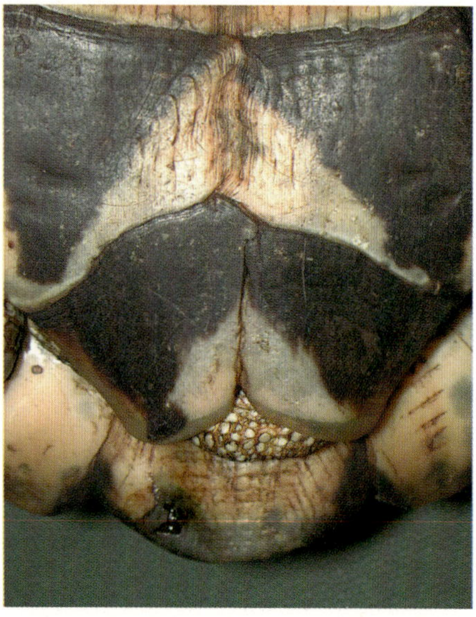

Origines et habitat naturel : son aire de répartition comprend le sud-ouest de l'Albanie, la Grèce et les îles Égée de Skyros et de Poros. En Sardaigne et dans quelques endroits de la Toscane l'on trouve des populations qui y ont été introduites il y a plusieurs siècles. L'habitat naturel est le maquis méditerranéen (Sardaigne et Toscane) et des zones de collines recouvertes de fourrés.

Description : *T. marginata* est la plus grande tortue du genre *Testudo* : les dimensions moyennes des mâles sont de 25-30 cm, celles des femelles de 24-28 cm. Les femelles pèsent plus que les mâles pour une longueur identique car elles ont une circonférence plus importante.

▲ *Spécimen jeune*

▼ *Dossière d'un nouveau-né*

▲ *Plastron d'un nouveau-né. Le dessin en forme de triangles foncés, caractéristique, est déjà visible*

Cette espèce est caractérisée par un évasement important du bord postérieur de la carapace qui n'est pas présent chez les spécimens jeunes. L'écaille supracaudale n'est pas partagée. La dossière est noire ou brun foncé, les aréoles centrales et latérales sont généralement jaunes et l'on peut voir une bande jaune sur les écailles latérales. Le plastron est jaune et sur chaque écaille se trouve une tache noire, caractéristique, en forme de triangle dont la base est tournée vers l'avant et la pointe vers la queue. La tête est très foncée et les pattes sont foncées ou marron jaunâtre. Sur la partie arrière des cuisses et sur la pointe de la queue un petit tubercule peut être présent. Les jeunes ont une couleur beaucoup plus claire, assez variable, avec la dossière marron clair caractérisée par un dessin plus foncé sur les bords antérieurs et latéraux des écailles centrales et latérales. On les reconnaît facilement dès la naissance grâce au triangle foncé qui se trouve sur les écailles du plastron.

Dimorphisme sexuel : le mâle adulte est légèrement plus grand et sa carapace présente un rétrécissement au milieu. Son plastron est, en outre, légèrement concave alors que chez la femelle il est lisse. Chez le mâle, la queue est plus large et plus longue, l'ouverture cloacale plus éloignée de la base de la queue et la tête plus grosse. Enfin, le bord arrière de la carapace est plus évasé que chez la femelle.

Mode de vie en captivité : *T. marginata* qui s'adapte bien à la captivité. Les conditions d'élevage sont semblables à celles des *T. hermanni.*

Alimentation : leur nourriture est également semblable à celle des *T. hermanni.*

Reproduction : la reproduction en captivité est assez facile. L'accouplement a lieu d'avril au début de juin, le mâle « courtisant » la femelle avec beaucoup de vigueur. Les œufs sont pondus en juin et en juillet et chaque couvée compte en moyenne de 8 à 10 œufs dont l'éclosion a lieu de fin août à octobre, selon la température. L'incubation artificielle s'effectue à 31 °C environ avec un taux d'humidité qui peut varier de 65 à 90 %. La durée d'éclosion est d'environ 60-70 jours. Les petits pèsent de 10 à 14 g et mesurent 3 cm de long.

Législation : est incluse dans l'Annexe II CITES et dans l'Annexe B du Règ. CE 338/97.

Testudo weissingeri (Bour, 1995)

Cette tortue, appelée communément Tortue naine du Péloponnèse, est une version miniature de la *T. marginata* et elle mesure en moyenne de 20 à 23 cm de long. Certains chercheurs la considèrent simplement comme une sous-espèce de *T. marginata*, tandis que les autres nient même qu'il y ait une quelconque distinction taxonomique par rapport à *T. marginata*. Dans la nature, elle vit dans une aire très restreinte du sud du Péloponnèse, sur le versant occidental des montagnes Taygetos, entre Kalamata et Aréopolis. Pendant les mois les plus chauds, elle entre en estivation dans des galeries creusées dans le sol tandis qu'en hiver, elle est généralement active, sauf pendant les périodes les plus froides de janvier et février, qu'elle passe en léthargie souterraine. L'accouplement a lieu à la fin du mois de mars et en octobre et les œufs, de 2 à 4 en moyenne, sont pondus en mai. L'incubation artificielle à 30 °C dure de 57 à 64 jours et, à la naissance, les petits mesurent de 3,5 à 4,2 cm. Quant à la législation, elle est incluse dans l'Annexe II CITES et dans l'Annexe B du Règ. CE 338/97.

▼ *Comparaison entre les dimensions d'une* T. weissingeri *(à gauche) et une* T. marginata *adultes*

▲ *Dossière*

▼ *Plastron*

LA LÉGISLATION SUR LES ANIMAUX EXOTIQUES

LA CONVENTION DE WASHINGTON (CITES)

CITES signifie Convention on International Trade in Endangered Species of Wild Fauna and Flora (Convention sur le commerce international des espèces de faune et flore sauvages menacées d'extinction.
Ce traité, signé en 1975 par 152 États adhérents, a pour objectif de protéger la flore et la faune contre une exploitation excessive en contrôlant et en régulant le commerce des espèces vivantes et en interdisant le commerce de celles qui sont le plus gravement exposées au danger de disparition. Trois listes, baptisées Annexes, mentionnant les différentes espèces ont été établies.
Annexe I. Comprend les espèces menacées d'extinction dont le commerce, régi par une législation très restrictive, peut avoir lieu uniquement dans des circonstances exceptionnelles. Ce commerce nécessite un permis d'exportation et d'importation.
Annexe II. Comprend les espèces qui, même si elles ne sont pas actuellement en danger, pourraient le devenir si leur commerce n'était pas régi par une réglementation stricte et pour lesquelles un permis d'exportation est requis.
Annexe III. Comprend les espèces dont le commerce est réglementé par chaque État adhérent à la convention CITES pour en éviter ou pour en limiter une exploitation excessive et nécessitant une coopération de la part des autres États membres pour effectuer le contrôle. Un certificat d'origine et un permis d'exportation sont requis.
Si l'animal que vous avez l'intention d'acheter appartient à l'une des espèces mentionnées dans ces Annexes, il devra être accompagné par un certificat CITES.

LE RÈGLEMENT CE 338/97

Il s'agit du règlement qui applique au niveau communautaire la Convention de Washington. Il comprend quatre annexes : A, B, C et D. Les trois premières correspondent en gros aux trois Annexes de la Convention de Washington, même s'il y a des différences importantes, par exemple celles qui concernent les tortues méditerranéennes (*Testudo graeca*, *T. marginata* et *T. hermanni*), mentionnées dans l'Annexe II CITES et non dans l'Annexe A du règlement européen. L'annexe D, en revanche, n'a pas d'équivalent dans la Convention de Washington et inclut environ 400 espèces non mentionnées dans la CITES, que l'Union européenne veut tout de même protéger grâce à un contrôle de leur commercialisation au niveau international.

EXTRAIT DE LA CIRCULAIRE DNP/CFF N° 00/09 DU 6 DÉCEMBRE 2000

Il est relatif aux modalités d'application de la Convention sur le commerce international des espèces menacées d'extinction et des règlements CE 338/97 et 939/97 de la Commission Européenne.
« L'arrêté du 30 juin 1998 fixant les modalités d'application de la convention sur le commerce international des espèces de faune et de flore sauvages menacées d'extinction et des règlements CE 338/97 du Conseil européen et

▲ Geochelone radiata *est une espèce protégée figurant dans l'Annexe I CITES (photo Mauro Favrin)*

CE 939/97 de la Commission européenne, susvisé, a pour objet de préciser les conditions de mise en œuvre en France des dispositions des règlements européens pris pour application de la convention. En effet, en renvoyant aux annexes du règlement 338/97 susvisé, cet arrêté définit la liste des espèces dont l'importation, l'exportation, la réexportation, le transport sont soumis à autorisation administrative conformément aux dispositions des articles L. 212-1 et R. 212-1 à R. 212-6 du code rural. Il fixe les conditions de délivrance de ces autorisations administratives. Enfin cet arrêté précise les règles applicables aux espèces figurant simultanément aux annexes des règlements communautaires et protégées en application des articles L. 211-1 et L. 211-2 du code rural. Cet arrêté constituant une application de l'article L. 212-1 du code rural, les infractions à ses dispositions sont punies des peines prévues à l'article L. 215-1 du code rural. La convention de Washington et les textes européens correspondants sont appliqués au niveau national par les textes précités mais également par le moyen de l'article 215 du code des douanes et de l'arrêté du 24 septembre 1997 portant application de l'article 215 du code des douanes, qui imposent que tout détenteur de spécimens d'espèces relevant de la convention de Washington soit en mesure, à toute réquisition des agents de contrôle, de prouver l'origine licite des spécimens à l'aide de tous documents faisant foi qui ne sont pas obligatoirement des permis ou certificats administratifs mais peuvent être des factures, des attestations d'experts, des témoignages, des correspondances ou autres documents datés permettant, par exemple, de démontrer que les spécimens étaient déjà détenus avant l'entrée en vigueur de la convention. »

La Convention de Berne et le Règlement CE 3626/82

La « Convention relative à la conservation de la vie sauvage et du milieu naturel de l'Europe », dite Convention de Berne du nom de la ville où elle a été signée, a été ratifiée pour protéger la flore et la faune sauvages et leurs habitats naturels et exige que chaque État adopte des lois appropriées pour la sauvegarde des espèces et de flore et de faune énumérées dans les trois Annexes de la Convention. Elle interdit toute forme de capture, de détention et de mise à mort, la collecte d'œufs et le commerce de toutes les espèces mentionnées dans les Annexes. Bien qu'elle soit souvent citée, la Convention de Berne a peu de valeur pratique car elle n'est pas applicable du fait qu'elle ne prévoit pas de sanctions. Par la suite, l'Union européenne a rendu encore plus restrictive la législation sur de nombreuses espèces européennes avec le Règlement CE 3626/82, qui en interdit l'importation, l'exportation, le transport, la vente, la mise en vente et la détention pour vente. En application de ce règlement, depuis 1995, la déclaration de possession et de naissance des spécimens appartenant aux espèces protégées est obligatoire. Depuis lors, toute personne possédant sans certificat un animal de ce type est passible d'amendes très lourdes.

ADRESSES UTILES

ASSOCIATION

ASSOCIATION A CUPULATTA
Vignola
Véro, 20133 Ucciani
Corse
Tél. : 04. 95. 52. 82. 34
Fax. : 04. 95. 52. 98. 93
Site : www.acupulatta.com

Cette association a pour but la préservation, l'élevage et la connaissance des chéloniens ; l'acclimatation et la reproduction en captivité des tortues aquatiques, palustres et terrestres ; l'étude, la recherche et l'observation de l'évolution du comportement en captivité du mode de vie des tortues. Toutes formes d'actions favorisant ou se rapportant à l'élevage et à la reproduction des tortues.

À VISITER...

LE MUSÉUM NATIONAL D'HISTOIRE NATURELLE
57, rue Cuvier
75005 Paris
Tél. : 01. 40. 79. 30. 00

LE VILLAGE DES TORTUES
BP 24
83590 Gonfaron
Tél. : 04. 94. 78. 26. 41
Fax. : 04. 94. 78.24. 27
Site : www.tortues.com
Horaires d'ouverture
9 heures/16 heures 50
(de mars à octobre)

LA VALLÉE DES TORTUES
Route de la vallée heureuse
Mas Del Ca
BP 15
66690 Sorède
Tél. : 04. 68. 89. 16. 61
Horaires d'ouverture
avril-mai : 10 heures/16 heures
juin-juillet-août : 9 heures/18 heures
septembre : 10 heures/16 heures
octobre-mi-novembre : 11 heures/15 heures
Durée de la visite : 1 heure 30

SITES INTERNET

http://la-passion-des-tortues.ifrance.com
www.chez.com/mmdlp/index.htm
www.tesdumoniac.com

SOURCES

Ackerman L., *The Biology, Husbandry and Health Care of Reptiles*, T.F.H. Publications, New Jersey, 1998

Avanzi M., *Alimentazione e patologie alimentari dei rettili*, in Appunti del Gruppo di Incontro Animali Esotici SCIVAC, Crémone, 1998

Brotons N.J. - Martinez-Silvestre A., *Enfermedades Parasitarias in Patologia de Reptiles*, in « Canis et Felis » (Espagne), n. 49, février 2000

Buskirk J., *Captive Propagation and Husbandry of the Vietnamese Leaf Turtle* (Geoemyda spengleri), in « The Vivarium » (États-Unis), série 5, numéro 5, novembre/décembre 1993

Connor M.J. - Wheeler V., *The Chinese Box Turtle, Cistoclemmys flavomarginata*, in « Tortuga Gazette » , États-Unis, année 34, n. 10 octobre 1998

de Vosjoli P., *General Care and Maintenance of Popular Tortoises*, Advanced Vivarium Systems, Singapour, 1996

de Vosjoli P. - Klingenberg R., *The Box Turtle Manual*, Advanced Vivarium Systems, Lakeside, États-Unis 1995

Ernst C.H. - Lovich J.E. - Barbour R.W., *Turtles of the United States and Canada*, Smithsonian Institution Press, Washington, 1994

Ferri V., *Tartarughe e testuggini*, Mondadori, Milan, 1998

Frye F.L., *Reptile Care, an Atlas of Diseases and Treatments*, T.F.H. Publications, Londres 1991

Highfield A.C., *Practical Encyclopedia of Keeping & Breeding Tortoises & Freshwater Turtles*, Carapace Press, Londres, 1996 ; *Tortoise Trust Guide to Tortoises & Turtles*, Carapace Press, Londres, 1994

King F. Wayne - Russell L. Burke (sous la direction de), *Crocodilian, Tuatara and Turtle Species of the World : An Online Taxonomic and Geographic Reference*, Association of Systematics Collections, Washington D.C., disponible en ligne : http ://www.flmnh.ufl.edu/natsci/herpetology/turtcroclist/

Kirkpatrick D.T., *Pancake Tortoises*, in « Reptiles » (États-Unis), vol. 5 n. 2, février 1997

Klingenberg R., *Box Turtles*, in « Exotic DVM (États-Unis), Zoological Education Network », année 1, numéro 2, 1999

Mader D.R., *Reptile Medicine and Surgery*, Saunders Company, Philadelphie, 1996

McKeown S., *Nest Mounding and Egg Guarding of the Asian Forest Tortoise* (Manouria emys), in « Reptiles » (États-Unis), vol. 7 n. 9, 1999

Merchán M. - Fidalgo A.M. - Pérez C., *Geochelone carbonaria*, in « Reptilia » (GB), n. 2, mars/avril 1998

Métrailler S., *Geochelone carbonaria*, in « Reptilia » (Espagne), n. 9, février 1997

Pritchard P.C.H., *Encyclopedia of Turtles*, T.F.H. Publications, Londres, 1979

Schlegel J.A., Kinixys, *The Hingeback Tortoises*, in « Reptilia » (GB) n. 4, septembre 1998

INDEX ANALYTIQUE

Achevé d'imprimer en février 2004
à Milan, Italie,
sur les presses de Grafiche Milani

Dépôt légal : février 2004
Numéro d'éditeur : 8561